咏归文存

刘 东 著

是处在
"后全球"时代吗？

当今世界的机遇、嵌入与错位

上海人民出版社

目 录

小　引

　　十年以前，我出版了《再造传统：带着警觉加入全球》一书（上海人民出版社，2014 年），来专门讨论"中国文化与全球化"的问题。如果说，这个问题当时所带来的挑战，对于彼时的中国人是崭新的，那么竟然只是在十年之后，随着全球化进程的世界性受挫，国际学界的时髦话题便已是"后全球"（post global）了。

　　不过，我在那时即已指出，曾经表现得"浩浩荡荡"的全球化，本是个芜杂纷乱的复合概念，它先从西方化、国际化、世界化的内涵起始，又发展出普遍化、全球化甚至星球化的意蕴，而且，所有这些意涵还都无序地叠合到了一起。由此，一方面，到底选用哪种理论框架来概括当代，恐怕更多的还是主观的信念问题，取决于从心理上倾向于相信什么；而在另一方面，这种"后全球"的新拟术语，毕竟还是凸显了以往时常被忽略的、恰恰由全球化带来的全球性冲突，也放大了以往曾经淹没在乐观声浪中的、不断分崩离析的碎裂噪声。

事实上，全球化一方面的确带来了前所未有的机遇，诱使学者把世界说成是"扁平"的，或者把历史形容为"终结"了；而在另一方面，国与国间的快速角力与碰撞，也确实让原已存在的社会危机，通过相互的接壤、嵌入与压缩，而表现得愈加高涨、尖锐和恶化，乃至发酵出危机的平方、立方，甚至 n 次方，从而加剧了贝克（Ulrich Beck）意义上的、属于全球性的风险社会。

在这个意义上，无论是否愿意采纳"后全球"这个概念，它都有助于我们警醒地关注到，全人类正面临着关键的临界点。如果说在过去的一段时间，正因为抓住了全球化的正侧面，我们的国力得以迅速地腾飞，那么在今后的一段时间，能不能规避全球化的负侧面，同样攸关我们的国运。

当然了，这个"全球化"进程到底能否被拯救，并不会只取决于某一国的选择；但反过来，我们自己是否还在坚持改革开放，以及能否创造出"中国文化的现代形态"，对于这个星球的未来仍将是至关重要的。

是处在"后全球"时代吗？
——当今世界的机遇、嵌入与错位

1

十年前我出版的《再造传统》这本书所基于的原稿，是我曾在清华大学用过的课件，起初题为《中国文化与全球化》；甚至于，当初为了配合制作PPT的需要，就连文稿格式都充满了跳跃，或者干脆说是幻灯片式的。

本来，在一本书终于付梓之后，心灵总能获得一段平复的时间，然而不料，鉴于世界形势在此后的急剧变化，很快心里又积起了难以释怀的冲动，或者说是一种内在责问，想要找到时间重新聚焦于这个问题，以便反省自己当初究竟讲错什么了没有，或者最起码的，即使自觉当初并没有讲错，仍应在什么地方进行一些补充，以便更通透地理顺这个问题。——正因为这样，虽说杭城正值"吴牛喘月"的苦夏，酷热的高温已突破了历史的极值，还是庆幸终于得到了这么一段空闲，把各种应酬都拒止在热浪之外，能够专心地回到这个久有的疑问。此外，为了跟前作形成接续或呼应，这里还要沿用以往那种跳跃的格式，以便在联想到诸多的问题域时，文气能够更加自如地抒发，也尽量能够扫描得"疏而不漏"。

2

　　苏诗有云，"不识庐山真面目，只缘身在此山中"。我在

"小引"中更是说明，对于任何置身其中的当代人来说，想要把握、评估、状摹自己的时代，都属于一件极难完成的、很快就免不了懊悔的任务。为了说明这一点，可以从20年前发表于《中国学术》的一篇文章谈起，那就是克雷格·卡洪（Craig Calhoun）所写的《后民族时代来到了吗？》（Is it Time to Be Postnational?）。——这位美国社会科学协会的时任主席，非常不以为然地，甚至是力挽当时潮流地写道：

> 当世界主义对人性整体的诉求以个人主义的方式表达出来时，就可能偏袒那些最有能力通过个人行动获得自己想要的东西的人。尽管他们的意图是好的，可他们往往贬低了其他人依赖民族、国家和社群来解决生活中的问题的方式。他们常常忽视了，文化差异应当作为个人品位加以衡量的断言，破坏了任何试图跨越文化定义的不同集团进行利益重新分配的努力。换句话说，他们可以高谈多元文化主义，只要它被定义为一种和谐的安排，在这种安排中，所有文化都被看作整体大拼盘的一部分，但是当某一文化集团的成员组织起来要求改变这一整体

时，情况就不是这样了。[1]

而在这里，既为了叙述上的一点方便，也为了读者理解上的方便，不妨再引用自己当时写的介绍：

克雷格·卡洪指出，上世纪 90 年代盛行的全球化设想，一反此前对于认同政治或群体凝聚力的宣传，而鼓吹全球社会对于地方问题的人道主义干预，并盛赞混合、多元和重叠的政治身份。然而却很少有人注意到，当前民族国家间的普遍斗争，实乃少数几种反抗资本主义全球化的可行方式之一。缘此便应看到，世界主义和民族主义是相互建构，而非相互对立的。这种相互关系表现在：一方面，当然应该记取世界主义中许多值得承继的价值，比如对人人平等的认可，以及对文化和社会多样性的认可；另一方面，也应该试图改善现行的世界主义，因为依据其通常的建构，尤其是其最个人主义的形式，

1　［美］克雷格·卡洪：《后民族时代来到了吗？》，载《中国学术·第二十一辑》，北京：商务印书馆，2005 年，第 22 页。

它系统地阻挡了人们的视线，使之看不到人们所依靠的团结体的多种形式，以及这些团结体对那些较少特权和较多受到资本主义全球化排挤的人们的特殊意义。[1]

<h2 style="text-align:center">3</h2>

所以很显然，就在 2005 年，当时占据主导的流行话语，还是所谓"顺之则昌，逆之则亡"的全球化。我们看到，由入江昭（Akira Iriye）等人编写的一本书，甚至主张这样的国际一体化进程，应当从二战结束的那一年（1945 年）算起。也就是说，那一年虽说被有些学者认为是冷战史的开端，然而，如果从上述这些倡导"跨国转向"的史学家的角度来看，偏偏又同时属于"全球相互依存"（Global Interdependence）的起始年份。一方面，入江昭在该书的导言中，从经济层面

1 刘东："卷首语"，《中国学术·第二十一辑》。

对此种进程进行了概述：

尽管冷战时不时地倾向于分裂世界，可 1945 年后的经济力量却在朝着相反的方向发展。托马斯·泽勒（Thomas Zeiler）在第二章中追溯了全球经济相互联系的发展。他强调了美国在推动一个开放、相互关联的贸易、投资和相关交易体系方面所发挥的作用，而这最终就带来了全面的经济全球化。正如作者详细叙述的那样，这项政策经常——却并非总是——与美国旨在增强其盟国相对于苏联集团国家的相对经济实力的冷战战略相关联，有时候这两个目标——即经济和地缘政治目标——并不兼容。而更加重要的是，贸易实践的自由化导致了德国、日本和其他成为美国主要竞争对手的国家经济实力的增强。要是没有冷战，经济全球化就可能会沿着不同的道路发展，尽管它仍然会发生。[1]

---

1 Akira Iriye, Jürgen Osterhammel, eds., *Global Interdependence: The World after 1945*, Cambridge, MA.: Belknap Press, 2014, p. 5.

另一方面，对于这种"全球相互依存"的进程，入江昭又从文化的层面进行了概述：

> 在这些创造中，文化产品在当代历史中占有一席之地。正如佩特拉·戈德在第四章中详细阐述的那样，除非我们认识到人们及其社区如何受到文化全球化的影响以及如何为其做出贡献，否则便无法充分理解1945年后的全球历史。而与此同时，文化传统和社会习惯并非全部消失了。多样性与同质化齐头并进。共同的观念、品位和生活方式的意识，与多样性的主张齐头发展。在这个广泛的框架内，本章详细描述了诸如移民、旅游和消费主义等各种现象，这些现象使遥远地区的人们更加紧密地联系在一起，并且在这个过程中丰富了全球文化，即使没有产生单一的全球文化。[1]

既然如此，这也就支持了这位历史学家站到一个更高的

1　Akira Iriye, Jürgen Osterhammel, eds., *Global Interdependence: The World after 1945*, p. 7.

视点上，或曰一个更广的视角上，来鸟瞰这段历史的潜在走向，得出其高屋建瓴、非同寻常的史识：

  ……这种全球历史具有许多层面，这些层面通常并不重合，可彼此之间却相互关联着。存在着由各个国家单独或集体演绎的世界历史。在1945年后的历史中，这段进程往往被置于冷战的总体框架内，不过，正如接下来的章节所展示的，还有许多其他的国家和国际发展情况需要被纳入，以便更全面地理解当代历史。与这个本质上是从地缘政治角度来定义的层面并行的是，其他层面也凭借自身的势头而发展起来。一个是经济层面，另一个则是文化层面，在这些层面中，国家单位并不像世界各地的商品、资本、思想以及其他产品和追求那么重要。所有这些层面，有时会重合，甚至会融合，可每一个都有其自身的故事、时间顺序和议程。另一个完全不同的层面，是由人类与动物、植物、水、空气以及所有其他物质存在所共有的自然栖息地所构成的。[1]

4

　　然而，几乎只需要一眨眼的工夫，就使人想起一句摇滚歌词："不是我不明白，这世界变化快"。如果说，连歌德当年在回顾自己的平生时，都已经感叹实在经历得太多了，那么，我们就更不知如何形容自己面对的了，就连再讲什么"白云苍狗""沧海桑田"之类，都显得太过平庸、老套，也太不够味了。事实上，正是在"全球化"运动的剧烈冲击下，我们想要立足其中的这个当代世界里，一切都变成方生方成、转瞬即逝的了，一切也都表现为喜忧参半、矛盾丛生的了；甚至于，要是套用赫拉克利特的那句名言，眼下竟连"一次也不能踏入同一条河流"了。——君不见，我们刚刚还在营

1　Akira Iriye, Jürgen Osterhammel, eds., *Global Interdependence: The World after 1945*, p. 3.

养不良地忍饥挨饿，转眼就染上了酒食地狱中的富贵病；我们刚刚还煎熬于无书可读的精神饥渴，转眼就陷入了放着满眼好书就是不读的心理倦怠；我们刚刚还在琢磨着"短缺经济学"到底有没有道理，转眼就掉进了"产能过剩"的吊诡陷阱；我们刚刚还在强推计划生育的所谓"基本国策"，转眼就无可挽回、几近绝望地陷入了"适应不良"的人口萎缩……

一方面，从主观感受的矛盾性来看，这场突如其来的全球化运动，以及发生于此后的、更加使人目眩的全球化受挫，使得人们无论打算观察什么事情，都取决于从什么坐标系去看。于是乎，一切都变得大大地"相对化"了，而人们也就陷入了这样的"囚徒困境"，或曰陷入了这样的"集体眩晕"：往往看上去对于一己有利的事情，偏偏不能对于群体也有利；往往看上去对于一国有利的事情，偏偏不能对于世界也有利；更不要说，往往看上去对于人类有利的事情，偏偏不能对于整个星球和生物圈也有利。——关于此类的莫衷一是、言人人殊的纠结，齐格蒙特·鲍曼（Zygmunt Bauman）早就描述过了：

"全球化"挂在每个人的嘴边；这个风靡一时的字眼如今已迅速成为一个陈词滥调，一句神奇的口头禅，一把意在打开通向现在与未来一切奥秘的钥匙。对某些人而言，"全球化"是幸福的源泉，对另一些人来说，"全球化"是悲惨的祸根。[1]

　　另一方面，再从客观情势的复杂性来看，这场席卷了世界的全球化，以及它时而涨起的洪流、时而退下的潮水、时而带来的难得机缘、时而带来的可怕宿命，也实在让人瞠目结舌，搞不清这究竟算是"福兮祸所倚"，还是"祸兮福所伏"。——我们同样看到，对于诸如此类的这种不确定，托马斯·许兰德·埃里克森（Thomas Hylland Eriksen）也早都概述过了：

　　　　全球化不是朝着某个特定方向的过程，也不会有具体的终点。人权和民主的理念仍在扩散；对致命疾病的

1　[英]齐格蒙特·鲍曼：《全球化：人类的后果》，郭国良、徐建华译，北京：商务印书馆，2001年，第1页。

斗争是成功的；移民为数百万人带来新的希望；全球通信使全球连成一片，并使世界主义的视角成为可能，这在两代人之前根本无法想象。同时，全球化也使致命疾病、破坏性的想法和行为、宗教极端主义的偏执狂、毒品和武器得以扩散。通过即时通信和旅行，我们彼此之间变得更近；但它不断提醒我们在价值观、生活方式、机会上的不同，这些会持续分裂我们，可能会比之前更痛苦。[1]

5

也正因为这样，我在十年前处理这个问题时，选择入手的角度才会是"中国文化与全球化"，我当时还自觉地将主要的注意力，聚焦在两者的间距、摩擦与张力上，或者不那

---

1 ［挪威］托马斯·许兰德·埃里克森：《全球化的关键概念》，周云水等译，南京：译林出版社，2012年，第150—151页。

么精确地说，是聚焦在"区域"与"世界"的分合、对立关系上。我那时就指出了其中的复杂性：曾被说成代表了人类希望的"全球化"，其底层却只是个芜杂纷乱的复合概念，它先从起始的西方化、国际化、世界化的内涵，又逐渐发展出普遍化、全球化甚至星球化的意蕴，而且，所有这些意涵还都茫然无序地叠加到了一起。——因而，鉴于它本身是如此犬牙交错，无论是简单地将其拒之门外，还是天真地宣布对此"不设防"，就都不是应对这种"命运"挑战的合理态度。

更加复杂的是，前面曾经述及的"全球化"概念笼统涵括的所有复杂倾向，从"国际化"、"自由化"、"世界化"、"西化"到"超地域化"，全都无序地搅混和叠加在一起，汹涌地向着这个"半殖民—半封建"的区域袭来，让你简直说不清那究竟是福是祸。——比如，令人困惑的是，它一方面以现代科技所发明的各种方便利器，带来了更高的生活标准和消费选项，另一方面也以倒人胃口的"麦当劳化"，裹走了原有生活的多样、韵味与深度；再比如，它一方面代表了普世的和公正的价值，让人不由向着浩荡的世界潮流肃然起敬，另一方面又总在暗中回护西方的利益，让人疑心那些公开说辞背后总有藏在桌面之下的地缘政治考量，这更加令人困惑。（《再造传统》，第181页）

由此就应当看到伴随着全球化而普遍兴起的，又是作为一种自动反拨的、对于地方性文化的保守与维护。正如罗兰·罗伯逊（Roland Robertson）曾经讲过的："我坚决主张，全球化是存心怀旧兴起的首要根源。更具体地说，正是在19世纪后期20世纪初期迅猛加速的全球化这一起飞时期，目睹了发明传统这种强烈欲望的盛行。作为文化政治（cultural politics）——以及文化的政治（Politics of culture）——的一种形式，存心怀旧成了全球化的一个主要特征。"[1]而诸如此类的应激反弹现象，也如埃里克森就此总结的："尽管全球化趋势（可以被理解为边界的混合）经常会导致很强的地方性对抗反应——如偏爱地方食物和风俗——

---

[1] ［美］罗兰·罗伯逊：《全球化：社会理论与全球文化》，梁光严译，上海：上海人民出版社，2000年，第223页。

但一些理论家更认可罗兰·罗伯逊的观点，认为全球在地化（glocalization）更能准确地描述当前正在发生的事情。全球化往往会强化地方认同，因为在地方文化遭受威胁时，人们才开始明显地强调自己的独特性。"[1]

由此一来，与"中国文化与全球化"的主题相呼应的，就势必是这样的思想纲领——"中国文化的现代形态"。而我也曾这样表达此一命题的要点：

> 如果说，在全球化铺天盖地的冲击下，"中体西用"的口号意味着，在文明的接触、对话、博弈和共生中，进行一种"执两用中"的谨慎调适，那又必须进一步看到，这种调适本身并不是我们的目的。放眼望去，正如我曾一再强调过的，唯有对于"中国文化现代形态"的寻求与奠定，才是我们这场伟大实践的终极目标。也就是说，这块土地上的未来文化模式，既必须是标准"现代"的，由此而显出对于全球化的汲取与适应，又必须是典型"中

1 ［挪威］托马斯·许兰德·埃里克森：《全球化的关键概念》，第11页。

国"的，由此而显出对历史传统的激活与承继。——只要一天找不到它，我们的社会就会一天"找不到北"，就会日趋紊乱与失序下去；而一旦真正确立了它，尽管此后的历史仍会发生损益，我们却可以像孔子那样，信心满满地发出对于未来的预言——"虽百代可知也"。(《再造传统》，第 198 页)

6

然而又不必讳言，拖延到今天再来就此发笔，我就不会只围绕"中国文化与全球化"这个题目了，既然情况在转瞬间就发生了如此的骤变，竟连"全球化"本身都显得前途未卜、死生难料了。——当然回顾起来，自己在十年前也曾经就这一点留下一些伏笔，指出了全球化进程仍属不确定的，而且其中的种种未知因素也包括，它的那个主要推手有可能幡然悔悟，自行掀翻桌子要求重新洗牌。

任教于哈佛大学的政治学家斯坦利·霍夫曼（Stanley Hoffmann）却从另一方面指出，虽然不能否定全球化的好处，但必须反对靠不住的弗里德曼式的乐观主义，切莫以为它已在势如破竹地行进。这是因为，第一，这种全球化的倾向既非不可避免，也非不可抗拒，它既然源自美国的强大经济影响，也就会由于美国的经济危机而退潮；第二，所谓全球化运动还远远没有真正全球化，它所触及的地区还相当有限，还受制于各国的具体条件和边界，还远未达到在市场、服务和生产方面的一体化；第三，超地域和后主权的治理还只是刚刚萌芽，非政府组织的代表性也还相当有限；第四，与此同时，一些超国家治理的组织，又往往反映了少数国家的意志，其领导权往往是被垄断的，其操作往往是不透明的，其裁定也往往是不公平的；第五，实际上，全球化只不过是各种技术手段的总和，这些手段又可以为各种国家和个人所利用，由此导致的带有各种偏向的行为，与启蒙运动所构想的那个科学、理性的世界，形成了巨大的偏离与

落差。[1]（《再造传统》，第 198 页）

说到这里又要澄清，虽则看来雅斯贝尔斯（Karl Theodor Jaspers）貌似知道，存在着某种前定的"历史的起源与目标"，而我却完全拒斥这类的"历史目的论"。——与之相反，正如我在谈论"现代世界之兴起"时写到的，只要不再祭出那位早已"死去"的上帝，我们就根本不可能克服历史中的"偶然"：

> 一旦人们围绕这个"神秘的"问题，提出了各种各样的偶然肇因，而且，这类"不一而足"的偶然肇因，又不光表现为"缺一不可"的，还大都具有正面的价值或意义，于是，它们也就从各种小写的"偶然"，至少在人们的潜在心理中，悄然叠加成一个大写的"必然"了。也就是说，竟能把这么多偶因都给凑齐了，而共同烘托出这么个现代的文明，这仿佛就是有某种"必然律"在支撑着；而且，

---

1 参见［美］斯坦利·霍夫曼：《全球化的冲突》（刘慧华译），载《世界经济与政治》2003 年第 4 期，第 64—68 页。

这种冥冥之中的、带给人们神秘感的"必然"，不仅以其"怎么看怎么合理"的价值，昭示了现代文明自身的"合法性"，也以其"神意"般的历史目的论，暗示了到底谁才是上帝的"选民"。[1]

从这种立场和方法出发，我也曾经对当今的全球化进程，做出尚在"未定之天"的判断：

> 总而言之，全球化还处在过程中，还介乎方生方成中。一方面，无论如何，正因为该过程已经发展到了某个临界点，显出了一种确定不移又日益加速的趋势，人们对它的认识，才会从西方化、国际化、世界化，转而发展到了普遍化、全球化，甚至星球化，而且特别强调后者的"社会—地理"性质。可另一方面，必须时刻保持清醒，这种趋势毕竟是人类社会的趋势，要由人类这种主体来历史性地接力完成；由此，它就不会像以往所臆

1　刘东：《我们共通的理性》，上海：上海人民出版社，2021年，第108—109页。

是处在"后全球"时代吗？　　　　　　　　　　　　　　　　　　23

想的那样，竟会是"不以人的意志"为转移的。——这也就意味着，这个过程能否最终完成，以及到底朝什么方向完成，除了其他的决定因素之外，还要取决于一代代人类成员的主动选择，其中也可能包括扭转式的转折。（《再造传统》，第26—27页）

7

耐人寻味的是，人们总是喜欢动用"post"这个术语，要么表达对于当下状态的超越愿望，要么表达对于新兴潮流的时髦追逐，毕竟"当下"在他们挑剔的目光里，总是千疮百孔、不如人意。由此就不免想到，如果相对于"ancient"一词而言，所谓"modern"本身就意味着一种弄潮或超越，那么"post-modern"则又意味着对于"modern"的超越，更不要说，又有所谓"post-postmodern"的最新提法，比如杰弗里·尼隆（Jeffrey T. Nealon）的那本《后－后现代主义》。

从这里可以看出来，人们有多喜欢生造意味着"跨越"的辞令。作者虽然承认，这种"post-postmodernism"的说法肯定属于拗口或别扭的"丑陋辞令"（an ugly word），然而他紧接着又在比对中辩称：

> 但与此同时，与那些无疑更恰当的竞争对手相比，"后－后现代主义"这个称谓有诸多可取之处，如所谓"后现代主义之后""后现代主义的终结""后现代主义的余波""后现代主义 2.0""超越后现代主义""后现代主义到底怎么了？"等等。就我的目的而言，这个词中最不悦耳的部分（即结结巴巴的"后－后"）却是最值得推荐的，因为我在此勾勒的后－后现代主义的概念，并非指彻底克服后现代主义。正相反，后－后现代主义标志着后现代主义内部的强化和变异（而后现代主义本身当然也是现代主义内部某些趋势的历史性变异和强化）。[1]

---

1 Jeffrey T. Nealon, *Post-Postmodernism: or, The Cultural Logic of Just-in-Time Capitalism*, Stanford: Stanford University Press, 2012, p. IX.

由此又不免联想到，前文提到的卡洪那篇文章，标上了"Is it Time to Be Post-national?"的题目，再到他的具体行文中，这个"post-nation"又基本与所谓"globalization"等值，那么，其实我们在谈论"全球化"的时候，就已暗含着"超越"某种"过时"的倾向了。即使如此，沿着前述的那种"post-post"的思路，还是不能拦住人们更进一步，再端出所谓"post-global"的创新提法。——这就说到了本文的主旨，而我也早把它写进了标题，亦即"是处在'后全球'时代吗？"。

8

即使仅就我个人的目力所及，近来以此为题的著作也的确已经不少了，比如拉娜·福鲁哈尔（Rana Foroohar）撰写的《归家：后全球化世界中的繁荣之路》（*Homecoming: The Path to Prosperity in a Post-Global World*, Crown Publishing

Group, 2022），又如松林洋一（Yoichi Matsubayashi）和北野重人（Shigeto Kitano）编著的《后全球危机时期的全球金融流动》（*Global Financial Flows in the Pre-and Post-Global Crisis Periods*，Springer，2022），再如玛丽娜·勒维纳（Marina Levina）和格兰特·基恩（Grant Kien）编著的《后全球的网络与日常生活》（*Post-Global Network and Everyday Life*, Peter Lang Inc., 2010），还如格辛·米勒（Gesine Müller）和本杰明·洛伊（Benjamin Loy）编著的《后全球美学：21世纪拉丁美洲的文学与文化》（*Post-Global Aesthetics: 21st Century Latin American Literatures and Cultures*, De Gruyter, 2022）。等到后文一旦出现合适的谈论时机，我还会回到刚才提到的这些书，而眼下，我们先来关注这样一本书，即由亨利·苏斯曼（Henry Sussman）编著的《后全球的困境：气候变化时代的理论》（*Impasses of the Post-Global: Theory in the Era of Climate Change*, Open Humanities Press, 2012），它从一个令人恐惧的横断面，扫描了整个当代社会的失序状态。

具体而言，苏斯曼这本文集邀请了多方的专家，就一系列彼此纠缠在一起的、看来已无从索解的灾难性问题，包括社会崩解、气候剧变、生态失衡、不可持续、人口萎缩、恐怖袭击、经济救援、垃圾堆积、流行疾病、信息灾难、政治动荡、人权侵害等，从理论层面分别进行了回应。——而在这本书的导言中，苏斯曼这样写道：

> 尽管构成《后全球的困境》的材料，在方法、策略和即兴创作方面丰富多样，可它们都源自一个有关全球化主导叙事失败的共同故事，而该故事的后果包括造成了生态灾难的放射性蔓延、政治骗术、大规模剥夺公民权、人口萎缩、金融危机、毒品战争、资源挪用、国际货币基金组织重组、技术权宜之计，以及我们当前都在经历、应对和书写的还原论文化口号（reductive cultural slogans）。[1]

鉴于这一团乱麻所带来的挑战，也严峻地指向了人类的认识本身，亨利·苏斯曼紧接着更进一步地指出，这也在要

---

1 Henry Sussman, ed., *Impasses of the Post-Global: Theory in the Era of Climate Change*, London: Open Humanities Press, 2012, p. 13.

求学术自身的解构与重组，也就是说，鉴于困扰着人们的生态污损、物质短缺，以及令人绝望的行政、政治措施，也在同步冲击着各个学科、学派和范式，当下的学术分工本身，已无法再与往昔同日而语了。

总而言之，在这些打出了"后全球"旗帜的学者们看来，尽管这个"全球化"的进程从表面上看，就如托马斯·弗里德曼（Thomas L. Friedman）所说，正把这个世界推成了"一马平川"，可只须定睛观察一下就会发现，它实则是变得更加弯弯曲曲、坑坑洼洼了，或者说，是给世界带来了更大的紊乱、失序与崩解。在这个意义上，这台曾像是凯歌行进的轧道机，就并非仅仅带来了机遇与愿景，同时也带来了灾难与危局。——当然，这也正激发了这些学者的理论抱负，打算以"后全球"（post-global）的口号来凸显，以往那个流行于世的"全球化"概念，到今天早已经被抽空、耗尽和证伪了。

9

平心而论，这种尖锐而晦暗的议论也有其好处，它凸显了以往时常被忽视的、恰恰是由"全球化"进程本身带来的新型冲突，它也放大了以往曾淹没在乐观声浪中的、并不那么美妙和谐的嘈杂、爆裂与噪声。事实上，正如我以往论述过的，相互挤压、嵌入与叠加的"全球化"，同时给世界造成了诸多的脱节与错乱，也正是这类的嵌入与错乱的交织，又诱导出各种各样的、以往根本始料未及的问题。——甚至于，原本就已危机重重的人类社会，也正由于彼此的快速挤压与嵌入，原先的危机开始相互激发，乃至发酵出危机的平方、立方，乃至 n 次方，从而加剧了贝克意义上的全球性的风险社会。

在以往那些相对寂静的岁月里，人们还是无法想象，人类各个文明之间的交往，竟能变得像现在这样频繁、密切、嘈杂，甚至成了须臾不可稍离的生存手段。今天，即使在最平凡的日常起居中，我们也是从早到晚一刻不停地离不开作为整体的"全球场"。——不过，这种整合却带来了让人爱恨交加的双刃剑。一方面，我们由此好像是更加自由了，从这块疆域到那块疆域，大家可以轻易地飞来飞去，享受到各种文明的发明与特色。可另一方面，正如德国社会学家乌尔里希·贝克（Ulrich Beck，1944—2015）在其名著《风险社会》（*Riskogesellschaft*）中所说，在地球越变越狭小逼仄的同时，人类生存的空间也被日渐压缩，使得心情与感受越来越紧张，因为地球上任何角落的突发事件，都可以即时传播到我们耳朵里，要求全体人类共担风险，从而构成我们心跳加快和夜里失眠的理由。（《再造传统》，第 10 页）

凡此种种的负面现象，其实早就明摆在那里了，而我们当下面临的选择无非是，究竟是要在"全球化"的理论前提下来理解这类的嘈杂、爆裂与风险，还是干脆转移到"后全球"的参考框架下，重新认识和估量"月球的背面"？应当进而留意的则是，此中最关键的还在于，这已经跟卡洪那篇论文的主旨大不相同了，即不再是要保守或留驻在"前全球化"中，而是要超前或跃进到"后全球化"中了。由此我们便恍然大悟，到底想要或宁愿选用哪种理论来概括当代，恐怕更多的还是属于主观的信念问题，取决于人们天然就倾向于相信什么，毕竟人类的"理论建构"的行为动力之一，正是来自自身固有的主体性。——既是这样，又使我想起另外两句苏诗——"横看成岭侧成峰，远近高低各不同"。

无论如何，总应当如实而平衡地看到，即使在采用"全球化"概念的时候，我们也并不是一脸天真地认为，从此"世界"就是"扁平"的了，或者从此"历史"就已然"终结"了；再反过来说，哪怕接受了这个"后全球"的术语，我们也无力再要求回到"前全球化"状态，而无非只是在一种先连接又断裂的状态下，透过许多层破碎的玻璃透镜，来观察那种已经变了形的、属于模糊叠影的"全球化"。——换句话说，"地球村"总归还是这么个"地球村"，并不可能当真就此"老死不相往来"了，它充其量只能再次表现为，被既连续又断裂地划作了村东头和村西头，或者村北边和村南边，而且，两边都认定了对方是天然邪恶的和不可理喻的。

这也就意味着，从当今迫在眉睫的情势出发，我们总要像卡洪的那篇文章一样，再来考察另外一种形式的"后什么"，尽管这个"后什么"在他那里代表着"后民族国家"或"全球化"，而类似的前缀挪到今天的场合，则又代表着超越了它的"后全球"。然而，鉴于"post"一词本身暗中含有的、大概只是被虚拟出来的时间性，我们仍须再谨慎地澄清一点：即使沿用了这种俗常的熟语，也并不代表我们老病复发，自认为先从"前全球化"走到了"全球化"，又从"全球化"走向了"后全球化"；就像人们同样曾经认为的，我们是沿着某种单线的历史目的论，先从早前的"前现代化"走到了后来的"现代化"，又从这种"现代化"走到了时新的"后现代"，甚至于，还会再从"后现代"走向更加时尚的"后-后现代"。在我看来，与其相信这种不无神秘的、代表了某种"神意"的单线目的论，还不如老老实实地坦白说，我们就是弄不清楚究竟为了什么，突然发现自己掉进了这个泥潭，根本谈不上是沿着一条预定的线索——更不要说是基于某种"前定的和谐"——而众望所归、如其所愿地走到了这里，然后又得意扬扬、高奏凯旋地"走向未来"。

10

说到这里不免想起，前不久曾向自己主编的"西方韩国研究"丛书推荐了张庆燮的《压缩现代性下的韩国》（*South Korea under Compressed Modernity: Familial Political Economy in Transition*, Routledge, 2011）。作者是一位很有创意的、来自韩国的社会学家，而他所创造的"压缩现代性"的说法，则是在描述经济、政治、文化等方面的因素，如何在自身所属的东亚社会中，被快速涌入的外来现代性高度挤压，致使各种原本属于历时性的文化因素，全都被狭窄地压缩在共时性空间中，从而产生了各种各样的对接、嵌入与变形。——正因为这样，一个迅速地越过了欠发达、发展中和已发达的以往被艳羡为"人间奇迹"的国家，如果利用我们在前文多次用过的术语，就必然同时并存着前现代化、现代化中、现代化、后现代乃至后－后现代的因素，而且，这些因素既可能相互支撑和共同繁荣，更可能彼此相克和不断摩擦，从而凸显出各种无法协调的裂痕与内伤。

很明显的是，考虑到这些不同的维度，压缩现代性既包含变化的过程，也包含变化的结果。这种变化过程充满了各种社会现象，按照传统的严谨分类，一方面是传统文明对现代文明对后现代文明，另一方面是本土文明对外国文明（殖民主义或新殖民主义文明）对全球文明。如果按此来评估，这些现象可能显得高度"不成体系"。从某种意义上说，压缩现代性研究是一门非系统性的系统科学。在试图系统地分析非系统性现象时，虽然可以从传统的历史和社会科学中推理出处理传统 / 现代 / 后现代和本土 / 外国 / 全球文明的独立要素，但它们之间的非系统性关系或秩序，使得这些要素只能通过对历史现实的"分析归纳"来处理。[1]

正如该书的副标题所示，张庆燮就此讲述的主要案例，就是现代经济与传统家庭之间的关系。而我在这里为了叙述上的方便，不妨简洁地引述一篇书评的说法。一方面——

1 ［韩］张庆燮：《压缩现代性下的韩国：转型中的家族政治经济学》，司炳月、孙彤彤译，南京：江苏人民出版社，2024 年，第 12 页。

以家庭主义为基础的压缩现代性，是韩国在未健全养育、保健、教育、养老保障等社会保障体系的情况下，实现高速现代化的有力保障。儒家家庭主义促使家庭自发承担起抚养子女、赡养老人、照料疾病残障成员等一系列福利责任；工具家庭主义促使以家庭为单位积极投身教育竞争；情感家庭主义要求家庭和睦，并成为庇护、抚慰成员的避风港，每一次成功且急速的产业结构调整背后，都伴随着大批产业工人的淘汰，而家庭几乎是为其兜底的唯一港湾……[1]

可另一方面——

高速现代化的成本转嫁给家庭的后果，是后者长期处于功能过载的过劳状态，以及不可避免地陷入内部多元价值观冲突的紧张状况……作为结果，二十一世纪以来韩国社会的离婚分居、晚婚晚育、不婚不育等一系列去

1　周晓蕾：《韩国社会的"执拗低音"》，"澎湃新闻"，2024 年 4 月 2 日。

家庭化现象不断高企。这些现象在韩国常被解读为个人主义盛行的结果，并招致不少（尤其是针对年轻女性的）道德批判；女权主义者则将矛头指向韩国社会根深蒂固的儒家文化，尤其是家庭与职场内部的性别不平等。作者却一针见血地点明，这些现象都是家庭关系和家庭负担过重的征兆，而超低生育率的本质，正是过度人口开发之下的家庭罢工。[1]

11

回顾起来，自己当初选定这本书的动机，也不光是想要了解邻近的韩国，更想对照一下中国的家庭。——这自然又是因为，早在创办"西方韩国研究"丛书之前，自己就论述过传统中国的家庭文化，乃至它在现代中国的革命语境下，所

1　同前。

遭遇的破坏与变形、利用与滥用。

首先，我一方面指出了传统家庭的文化功能：

> 出身于这样的传统家族中，自然更会讲究如何"穿衣吃饭"，不过，这种来自"家学渊源"的教养，却更表现在对高雅文化的传承中。——而作为它的现实的反例，一旦荡平了这样的世家望族，自然会使全社会显得更加平均化；只可惜，在这种平均化的过程中，全社会最精致的文化阶层，也会令人惋惜地化为乌有，使整个文明基准都趋于"粗鄙化"。[1]

而另一方面，我又指出了传统家庭的哲学价值：

> 从生存价值的意义来讲，在中国文化的正常语境中，家庭和家族作为一个放大的、延续的自我，还可以相对地缓解和释放个体对于自身死亡的焦虑，而绝不会鼓励

---

[1] 刘东：《儒学传统中的家庭文化》，见《国学的当代性》，北京：中华书局，2019年，第268—269页。

"我死后，管他洪水滔天"的妄念，或者索性像"始作俑者，其无后乎"那般作孽，由此便有效支撑了人心中的伦常观念。换句话说，只要基于骨肉基础的家庭还存在，那么，死亡所带来的人生有限性，就会得到一定程度的超越，——哪怕这种超越仍然难免是有限的，但它仍会为社会带来相当积极的文化成果。[1]

其次，我一方面指出了近代以来的"全盘西化"，如何对于传统的家庭文化造成了损害：

自从"五四"的文学革命以来，从被以西格中地诠释的《红楼梦》，到一味演绎西风的《家·春·秋》，由于西方个人主义思潮的冲击，中国社会中占据压倒性地位的意识形态，都是在申诉家庭，特别是大家族的负面效应，——这恰好表现为全球化冲击的一种形式。而与此相应，人们便把强调个体孤独的"易卜生主义"，当成了

1　同前引，第 270 页。

代表历史趋势的、无可怀疑的观念。在这种西风的摧残下，原本被儒家有效控制的、"拔一毛利天下不为"的杨朱观念，不仅失去了正统理念的有效抑制，反而显得比利他主义更加"先进"了。[1]

而另一方面，我又指出了"文革"对于家庭文化的继续破坏：

如果激进的革命曾使中国的社会生活呈现出二元化的断裂与分化，从而迫使人们一边到喧闹的外间接受社会风暴的无情洗礼，一边又借家中的支点来保守最后的人间亲情，那么在中国大陆，接踵而来的更加激进的革命烈焰，特别是到了登峰造极的"浩劫"时期，就越发无情焚毁了社会的家庭细胞。——曾几何时，骨肉之间的反目、父子之间的成仇、夫妻之间的离间，居然"不以为耻，反以为荣"地被当作"先进的"事迹，大肆地鼓励和

1　同前引，第271—272页。

高调地宣扬。[1]

　　这就已经够残损和破碎的了，或者说，从儒学传统的角度来看，这只能算是家庭文化的残骸了。然而接下来进行的经济改革，还是只能从这个最小的社会细胞中——不管它已是何等的干枯与伤残——去汲取谋求高速起飞的制度性支援：

　　　　到了积重难返的开放初期，我们残缺不全的家庭，就在这种矛盾状态中继续发酵了。一方面，纵然中国的家庭已是面目全非，但它毕竟还在这个原始积累的阶段起到了关键的纽带与发动机的作用。也就是说，纵然中国的家庭已在文化方面严重地残缺不全，但这种建基于血缘的天然社会单位，却毕竟内部的交易成本最小，而相互默契与信赖的程度又最高，最适于那个"一穷二白"的原始积累的起步阶段。由此回头来看，恰正是这个小小的、曾被瞧不起的家庭细胞，反而向中国奇迹般的经济

1　同前引，第273页。

是处在"后全球"时代吗？　　　　　　　　　　　　　　　41

起飞提供了社会组织方面的基本支持。[1]

于是乎，接下来情况便可想而知了：

　　一旦亲密合作的收益期来到，那么，由于价值层面的家庭文化已被激进主义的思潮焚烧殆尽，这个社会细胞的功能也就走向反面了……由此，作为活生生的现世报应，如今充盈于耳际的种种劣迹，无论是来自官方渠道，还是来自小道消息，无论是从公而言，还是就私而论，上至政经大事，下至家务小事，全都触目惊心地暴露出，我们的家庭实在太缺少文化滋养了！这使人们居然误以为，家庭无非就是几个"小我"的叠加，无非就是稍加扩大的、作为攻守同盟的"自私"，所以它的功能也只是用来"营私"。[2]

　　然而，其实《礼记》上早就提醒过，如果一个人本身的道德有亏，那他就势必会因为偏见，而最终败坏自己

1　同前引，第 277 页。
2　同上。

的家庭。[1]

不待言，站在传统家庭文化的残破废墟上，或者说，站在密布着各种裂缝的震中，虽说未曾想到启用"压缩现代性"这样的术语，可不谋而合的是，自己当时正在目睹并想亲笔描摹的，也是如出一辙的，甚至更加挤压与炸裂的事实。

12

回到本文的主脉上来。由此，我们自然而然地就会想到，眼下正在严峻经历的，不光表现为一种"压缩现代性"；而且表现为由"全球化"带来的"压缩现代性"；或者说，在我们共同所属的东亚社会中，形成当前这种"压缩现代性"的，正是"全球化"进程所带来的空前压强。——甚至于，在相当大

1　同前引，第279—280页。

的程度上，也可以把我们正在经历的"全球化"过程本身，索性形容或定义为一种"压缩性的全球化"。

难道不是这样吗？由于本来处在各个地区的不同文明，原有着并不相同、不可通分的时间表，于是，一旦强迫它们去接壤、并轨与嵌入，就势必也强迫它们从时间上对表，向欧洲的那条"本初子午线"看齐，换句话说，被迫忍受"欧洲中心论"压力下的文化紊乱。既然如此，对于空间因素的任何考量与顾及，就必会被熟视无睹，而以往隔在各文明之间的、带有美感的远距离遥望，也必会演变成近距离的、相当血腥的冲荡与火并。——在这个意义上，被强加到一个有限空间的外力压缩，就使得各种文化因子都要随之变形，而且相互之间都构成了挤压、排斥与对抗。既然这样，这种强行拼贴起来的文明图画，必然会在总体的表现上，暴露出结构性的脱节、错配与紊乱。

也正是在这种结构性的错乱中，一场突然间压过来的全球化浪潮，又势必会使各种各样的文化因子，同样在一种突发变异、朝不保夕的压缩语境中，一眨眼的工夫就改变了符号的意义。而凡此种种的、遭遇巨大困境的文化因子，正如

44

我在十年前的那本书中指出的，既包括了人们须臾不可稍离的母语，也包括了人们长期的惯习，又包括了人们曾经居游其中的建筑，还包括了奠定着文化基础的通识内容，乃至包括人们借以营卫身体的医疗手段，以及用来判定身体情况的健康标准……——再举一个手边的例子，虽说韩国人长期就有食用狗肉的习惯，还曾把这种肉类讲成美味的"香肉"，可一旦他们想在首尔举办奥运会，全球化固有的"压缩性"也就随之而来了，从而势必遭遇西方游客的大喊大叫，认为这是在野蛮地大嚼"人类的朋友"；于是乎，应当就是在这样的国际压力下，他们最近干脆把这种食物给查禁了，或者说，把长期的饮食习惯给废除了。

春节期间的烟花燃放，就是这方面的突出例子。如今，这种从驱邪旧俗中孑遗下来的、对于热闹声响的节日记忆，作为华族的独特喜庆方式，显然已被现代化的生存手段相当程度地带入了荒谬。试想，即使后来有了火药的发明，得以用"炮仗"代替"爆竹"，过去时代的烟花爆竹也决不会有今日之阵势，而当时房屋的土木结构也受不了过大的火烛危险。然而，主要由于现代技术的放大，也因为炫耀财富的攀比心理，一旦这种传统因子被带入当代，竟使全城顿时陷入硝烟火海，而完全失去了疏密有致的间歇与韵致，——所以如果说句玩笑话，此时若有外星人拨开云头，还会以为爆发了全面的战争！

另一方面，让人一时又不忍割舍的是，这种噼啪作响的爆竹声音，在众多的节庆文化符号中，偏又属那少量尚且残存者，缺少了它，"年味"就更寡淡。所以现在的困境是，燃放它当然很让人头痛，禁放它又觉得很是无聊，只有姑且先皱着眉头，去号召"理性的"限放。——而可以预料的是，在本已污浊不堪的大气中，随着环境危机日趋敏感，人们对于这种本已变了味儿的、基本上只意味着"麻烦"的民俗，肯定会越来越兴味索然。(《再造传统》，第94—95页)

13

　　写到这里，还要回到我在"小引"里的那段话："曾经表现得'浩浩荡荡'的全球化，本是个芜杂纷乱的复合概念，它先从西方化、国际化、世界化的内涵起始，又发展出普遍化、全球化甚至星球化的意蕴，而且，所有这些意涵还都无序地叠合到了一起。"——事实上，正因为这场运动的底层原本就是多元混杂的、支离错乱的，所以，一旦到了全球化猛然受挫的当今，隐藏在上述几层语义中的潜在矛盾，也就越来越激化和暴露了出来，从而使这场运动越来越让人大跌眼镜，越来越显得脱节、断裂和错位了。

　　就此而言，全球化并不似以往想象的那么一马平川、一帆风顺，更不像世界主义者所憧憬的，符合平和与康宁的人类理想，相反倒是在整个的国际社会中带来了更多的曲折颠簸，乃至翻车。——以各种政治体制为例。首先是在那些欠发达的或者落后的地区，由于突然扩大了言说的参考语境，这一波突如其来的全球化浪潮使得很多规范与习性都改变了意义，包括那些韦伯意义上"传统型"的政治统治，也是在顷刻之间就失去了"合法性"。既然这样，以往曾被各种赞誉包裹着的、长期符合于被统治心理的政权，即使还没有马上土崩瓦解，到这时也已蜕化成了只能凭强力维持的东西；而与此同时，以往那类在这种政治力的主导下强力宰制过思想的意识形态，即使还没有随即退出舞台，到这时也已蜕化成了一种纯粹的宣传，而且，这类明显在强词夺理的巧舌如簧，也根本算不上什么主流意识了，顶多只属于全球化时代的地方性知识。

由全球化带来的全球性尴尬，绝不会只是困扰欠发达地区。事实上，"民主"的理念尽管听起来如此高尚，然而至少在迄今的人类历史进程中，它都只能落实在范围有限的社会中，在古代希腊是落实在一个个城邦，在当代则是落实在一个个有限的民族－国家中。——即使是在相对领先的或发达的国家，就如同我曾在一篇旧作中指出的：

　　西方也是由林林总总的人群组成的，甚至其来源比我们更繁杂，取向比我们更歧异，争斗比我们更尖锐。所以在他们那里，也同样并存着上层与下层的吁求、激进与保守的派别、全局与局部的利益、当前与长远的眼光，也同样并存着智慧与愚笨的头脑、宽容与严苛的主张、温和与生硬的做派、谨慎和鲁莽的手法，也同样并存着绥靖立场与扩张倾向、理想主义与现实考量、公众舆论与私下权谋、善良意愿与族群敌意……[1]

这就是曾经引起过广泛愤怒，也确实显得相当伪善的"双标"了。我们看到，全球化中让人始料未及的"回旋镖"，逼迫得西方自身的操作也越来越仓促紧张了，从而越来越钻头不顾尾地失去了大局观，越来越露出了以往至少还企图掩盖一下的马脚，乃至在全世界面前越来越显得"吃相难看"。——事实上，正是他们这种越来越自私的"骚操作"，反而大大地败坏了民主与自由的威信，也恶性刺激了到处高涨的民族主义，从而在有意与无意之间，挫折或阻断了发展中国家的政治现代化进程。

1　刘东：《公理与强权——写在五四运动八十周年前夕》，见《理论与心智》，杭州：浙江大学出版社，2015年，第155页。

打从接触西方的第一天起，我们就把世界舞台的真正导演，看成是依仗船坚炮利的蛮横"强权"；此后经由长久绞尽脑汁的"盗火"，才看清那强势背后的"群己权界"，并把它看作普适文明的基准"公理"；可恰值那个正为"自由"弘法的"五四"，这个"进步"世界却公然张口鲸吞，再次迫使注意力集中于深重的外侮；一直到饱尝了闭关锁国的惨痛代价，才又重在"改革"和"开放"之间划上了等号，诚心诚意地想要伸出双臂拥抱世界……没想到风水还要轮流转：似乎越是低首下心地要向西方学习，这位老师就越匪夷所思地痛打学生，越朝着别人指明的方向寻求着"进步"，那个文明世界就越表现出野蛮骄横！[1]

1　刘东:《公理与强权——写在五四运动八十周年前夕》，见《理论与心智》，第154页。

14

接下来要说的是，在包括了中日韩的东亚地区，跟前述普遍的家庭"罢工"连在一起的，当然就是普遍低迷的人口出生率了。我们这边跟韩国的情况差不多，只要出生率一旦掉下去，那就无论如何都难以刺激上来了。而且，在当今这种普遍"少子化"的情况下，似乎不管当局再怎么允许"生二胎"，又鼓励"生三胎"，都从根本上显得多此一举、于事无补了。

令人浩叹的是，一种倡导过"多子多福"的文化，如今居然沦落到"少子化"的地步，这本身就是源于全球化的剧烈冲击。由此又不妨说，这种冲击本身就属于一种全球范围内的、专门攻击人类生殖能力的"传染病"。——事实上，美国的生物学家彼得·里克森（Peter J. Richerson）和人类学家罗伯特·博伊德（Robert Boyd），确实曾经基于"适者生存"的进化论，而把当代人类生育率的普遍下降，定义为由某种文化因素所导致的、具有生物学意义的"适应不良"，并认定它是源于"自私文化变异的演化"：

当代人口生育率的下降始于发达国家，不过现在世界上的大部分地区都出现了，这个问题吸引了人口学家相当大的注意力。他们在很大程度上用积极的术语来描绘这一现象：这是一种经济变迁的伴随物，它令工业社会的人们变得富足，并阻止了不必要的世界人口过剩。抛开全球环境不说，生育率的下降代表着最大化个体遗传适应度的失败，这需要一个解释。天主教对节育的厌恶才和演化理论通常的预测接近得多，从罗马教皇和自然选择的角度来看，现代社会的财富被浪费在了具有消费主义的生活方式上，这是在向愚蠢的唯物主义屈服。想象一种恶性的，能够降低生育率的病原体在疾控中心所能引发的恐慌，尤其当新一代的细菌开始在全球的广泛区域内引发人口下降的时候，梵蒂冈的罗马教廷也是这种感觉。[1]

更不可忽视的是，这种由"少子化"所带来的家庭萎缩，对于中国文化的伤害尤为巨大。这自然又是因为——

1 ［美］彼得·里克森、［美］罗伯特·博伊德：《基因之外：文化如何改变人类演化》，陈姝、吴楠译，杭州：浙江大学出版社，2017年，第203—204页。

这个文明的主导性价值学说即儒学，曾经把家庭这个最小的社会单位，当成了培植与操演仁爱之心的最初场所，从而就当作了体现全部社会价值的基点。——也正因为这样，我们就可以在突出的对比中看到，在雅斯贝尔斯意义上的那四个"轴心文明"中，其他文明都可能存在毁弃或部分毁弃家庭的倾向，而且越是其中最要严格奉行教义的人物，就越可能成为独身的教士或和尚，却唯独只有儒家文明在坚定地认为："男女居室，人之大伦"，而且"不孝有三，无后为大"。[1]

15

在同一场全球化的浪潮中，再从发达国家那边来观察就会发现，同这种"少子化"现象连在一起的，是由移民问题

1　刘东：《儒学传统中的家庭文化》，见《国学的当代性》，第 263 页。

所带来的重大挑战。本来，如从人类对于环境的适应来看，应当不能排除这样的因果关联：一方面，正由于欠发达地区的死亡率高，才相应代偿出了较高的出生率，哪怕这会明显降低幸福的指数；另一方面，又正因为发达地区的医疗条件好，才相应降低了家庭的平均子女数，并由此带来了较高的幸福指数。可是，由全球化带来的人口流动一旦造成了嵌入所导致的脱节与错乱，那么，一个国家的人口构成就会由于加入了相当比重的移民变量，而在出生率上出现巨大的落差。——由此也就导致了这样的吊诡情况：一方面是发达国家的条件帮助这些移民大幅度地降低了初生儿的死亡率，而另一方面，受到自身生活习俗的惯性制约，这些移民转而回馈给发达国家的，却是或许原本不必再生的许多孩子。

在当今接受移民最多也最被动的欧洲，普遍地出现了对于"穆斯林化"的担忧。比如，有一种惊呼是专门针对英国的：

英国的人口统计学家已经开发了一个增长模型，根据目前白人和穆斯林人口的出生率来预测未来的人口统计数据。根据他们的计算，英国目前的穆斯林人口为 330 万，将在本世纪末直接超过一半的比例。因此，英国将完全转变为一个穆斯林多数国家。[1]

另一种惊呼则是针对全欧的：

欧洲地区的穆斯林群体普遍年轻，可同时欧洲各国却已经呈现了老龄化疲态，根据数据研究显示，再过几十年，或许 60% 的欧洲人都会没有兄弟姐妹、舅叔侄甥等亲属。所以能够预料到，在几十年后，欧洲的老龄化加剧，欧洲整体人口增长率大幅下滑，人口总数不断减少，只有那些在欧洲的伊斯兰人口还在持续生育，所以即便没有战争，仅是正常的时间流逝，欧洲也终将成为伊斯兰世界，这是欧洲不愿意承认却也极有可能变成的现实。[2]

1　《21 世纪英国将完全转变为一个穆斯林多数国家》，"百姓视讯"，2023 年 8 月 2 日。

2　时生手记：《十年增长 17%，已经占法国人口比例 7%，欧洲的穆斯林化已不可避免》，"网易新闻"，2021 年 9 月 15 日。

由此自然会联想到，无论前几年特朗普借此来收割选票的、美国下层白人中的福音派民族主义，还是眼下正困扰着斯塔默内阁的、英国极右势力的激烈排外举动，都跟这种越发达就越少子而越贫穷就越多生的差别密切相关。我们当然可以将此归咎于全球化所带来的错位与落差，或者具备了"压缩性全球化"特征的人口构成。

16

又正是这种人口构成中的落差，造成了由移民带来的暴力问题，这也是全球化的主要困扰之一。——不过，如果想认清这样的落差，不妨先从斯蒂芬·平克（Steven Pinker）的一本书谈起，由此方知强行给不同的文化"对表"，会在迅速的互嵌中造成什么样的后果。

在为平克这本《人性中的善良天使》（*The Better Angels of Our Nature: Why Violence Has Declined*）所写的中文版导言中，

钱永祥曾经基于该书给出的"暴力下降"曲线，认为人类在历史中确有"进步"：

　　《人性中的善良天使》之所以引人瞩目，出版之后引起广泛争议，正是因为作者敢于直言人类的历史的确有进步可言，进而又提出了暴力下降作为度量这种"历史进步"的尺度。这两项主张都具有高度的挑衅性。承认人类在进步，就意味着正面挑战了近百年来主流思潮不愿也不敢再谈"进步"的相对主义、虚无主义倾向，并强调人类不仅在"改善"之中，而且这种改善从过去到现在乃至未来，足以构成一部相连贯的人类进步史；如果接受以"暴力下降"作为进步的量尺，就等于是在挑战习见的高调道德观，把道德关注的核心议题从"追求德行"下移到了"减少苦痛"，所谓"改善"并非指人类已进入某种崇高的道德境界，而只是减少使用暴力，减少个人所承受的苦难而已。[1]

1　钱永祥：《重看历史，重建道德》，见［美］斯蒂芬·平克：《人性中的善良天使：暴力为什么会减少》，安雯译，北京：中信出版社，2015年，上卷，第1—2页。

只是，对于这种过于"拔高"的概括，我本人心中却是有所保留的：

> 任何经验形态中的有限的"进取"，任何在有限区间内的相对的"进展"，如果拿来跟基于历史终点而言的"进步"相比，就只能转而动用较小的词汇来描述，比如我们可以把它描绘为"改进"（improvement），或者干脆就是局部的"帕累托优化"（Pareto Optimality）。[1]

要是姑且忽略这一点不计，我当然也愿意转念去认为：

> 如果不再动用像"进步"那样的大词，而只是把它谨慎地描述为"改进"或"帕累托优化"，那么，尽管也有在"现代性与大屠杀"之间的关联，然而仅就暴力现象的相对减少而言，生存状况的"改善"还是确凿存在的，而我们既然身为受益于这一点的人类，当然也不应当视而不

1 刘东：《悲剧的文化解析（上）：从古代希腊到现代中国》，上海：上海人民出版社，2017 年，第 218 页。

见地否定它。[1]

因此，虽说平克也语出惊人地反问过，"如果这不叫进步，我不知道还有什么能算是进步"，我还是相应提出了两方面的疑难：

别的不说，就拿眼下正在讨论的"暴力减少"的现象为例，只要不再把观察局限于某个有限区间，而让自己的目力再旁及更广的参照区域，那么，我们就会自内而外地遭遇如下两种疑难。[2]

第一方面的疑难在于，就算平克所讲的那种经由镇压的"平靖阶段"，确实也能大规模地消除暴力，但正如他在该书中所说的：

至于暴力，这个世界上的第一个利维坦——国家解决

1　刘东：《悲剧的文化解析（上）：从古代希腊到现代中国》，第 220 页。
2　同上书，第 218 页。

了一个老问题，但又制造了一个新问题。人民固然不再经常地死于凶杀和战争，但他们又被暴君、神职和贪官污吏攥在手心里。这让我们更加觉得"平靖"这个字眼带有太多的血腥气，它绝不仅仅是带来了和平，而且还带来了强权政府的绝对控制。对第二个问题的解决，人类还要再等上几千年，而在世界的很多地方，这个问题至今也没有得到解决。[1]

既然如此，我便在自己的前引著作中写道：

无论如何，尽管那种在霍布斯意义上的、作为政治怪兽的"利维坦"，也的确因为由霍布斯所预设的丛林状态，而获得了相应程度的"合法性"，可它还是让我们想起了马克斯·韦伯有关国家的带有恐怖性的定义，即国家乃是"拥有合法使用暴力的垄断地位"的实体。在这个意义上，即使它曾经相对地平定了人间的暴力，却又随时可

---

1 ［美］斯蒂芬·平克：《人性中的善良天使：暴力为什么会减少》，上卷，第76页。

以更大规模地动用暴力，而且，它之所以能够相对地平定以往那些形式的暴力，也正是因为它可以再千百倍地付诸暴力，并且还是在所谓"合法性"的漂亮外衣下，正如庄子早在先秦时代就已经看穿的："彼窃钩者诛，窃国者为诸侯"。[1]

第二方面的疑难又在于，平克绘制的那种"暴力下降"曲线，只不过是局限在一个社会内部的，然而，在犬牙交错、并不平衡的现实历史中，文明之间一旦激烈碰撞，导致它们的相互嵌入甚至彼此碾轧，那就势必要在同一个坐标系下，于彼此之间凸显出"发展差"或"时间差"。而由此一来，恰因为这些文明对待暴力的态度，如以平克列出的六个阶段来衡量，已经分列在错落的发展阶段了，那么，它们看待暴力的明显态度落差，反而会更大程度地造成暴力反弹。关于这一点，我还是举出中国的历史个案。一方面——

1　刘东：《悲剧的文化解析（上）：从古代希腊到现代中国》，第 219—220 页。

为了理解这一点，最好先回到中国本身的"平靖时代"的开端。在那里，无论是韩非所指斥的"儒以文乱法，侠以武犯禁"，还是秦始皇所实施的"收天下兵，聚之咸阳，销以为钟镰金人十二，重各千石，置廷宫中"，都确乎表明了利维坦对于暴力的控制，以及基于这种垄断性控制的"驯化"。[1]

可另一方面——

作为中华民族之主体的汉族，越是被大一统的国家意志所"驯化"，越是独自地攀越到"止戈为武"的文化高度，就越是难于抵御野性未泯的马背上的民族。回溯起来，这种困窘到了高度发达的两宋之后，由于它那"杯酒释兵权"的疑心重重的起点，也由于它那"强干弱枝，重文轻武"的偏颇国策，便拖累得整个社会都难以从上述的落差中自救了。[2]

---

1 同前引，第223—224页。
2 同前引，第225—226页。

17

同样的道理，当今欧美的情况虽然有所不同，前文给出的参考框架还是有助于我们分析当今的困境。

无可否认的是，整部美利坚合众国的历史，从它的草创和建立之初开始，其实都跟快速移民的现象分不开，或者更全面地说，都跟这个世界的既快速连接又强力挤压分不开。正因为这样，如果把"五月花号"在四百年前抵达马萨诸塞看作这次全球化进程的早期表现，那就足以一目了然，这种人口的快速迁徙总有可能伴以暴力，不管是外来白人对印第安人的屠杀，乃至美洲原住民对外来侵扰的报复，还是充满了血腥与尸臭的贩奴船队，乃至南部庄园中不平则鸣的以暴制暴，——更不要说此后又想废除这种奴隶制的、据说整整送掉了75万条性命的南北战争，乃至直到今天还像个串联起来的火药桶、随时都可能在某个市中心爆发与蔓延开来的"黑命贵"（Black Lives Matter）运动……

一旦谈论起这方面的问题，最要不得的就是教条的态度，完全被"政治正确"的口号捆住了手脚。无论如何，一个不容篡改的确凿事实是，无论是美国大城市中的黑人——他们的祖先并非出于自愿地来到了这里，还是欧洲难民区中的阿拉伯人——他们刚刚冒着生命危险乘船来到这里，相对而言都肯定属于更具有暴力倾向的。事实上，一个人只要还有正常的心智，那么，不管他是走到旧金山的黑人区，还是走到巴黎郊外的移民区，都不可能不为此而心存怵惕、竖起汗毛。——由此一来，也就基本上可以料定，无论是九年前在德国科隆进行大规模性侵的，还是九年前在法国巴黎血洗了《查理周刊》（*Charlie Hebdo*）编辑部的，乃至今年又在英国绍斯波特小镇杀死三位小姑娘的，都肯定是那些未能归化的移民所为。既然如此，我们与其避而不谈乃至矢口否认这个事实，倒不如转而清醒地解释它的成因。

　　归根结底，这还是文明之间的压缩和互嵌所致。就像早已安于"平靖"阶段的中国宋朝人，已不能像闯入中原的蒙古的马背民族那样，不光是习惯于，而且赞美着暴力一样，当今这一代承平已久的欧洲人，也早已把暴力看成了由国家持有的排他特权。也正因此，我们才会看到，一旦那几名荷枪实弹的黑衣人闯进了巴黎的巴塔克兰剧院，满屋的观众便只能无助地"筛糠"，干等着暴徒们进行"行刑式"的屠杀。事实上，尽管不太恭敬，上海那些专门经营三黄鸡的餐厅，也是用类似的简单粗暴的办法来判定到底哪只是走地鸡、哪只是圈养鸡的。我们还可以就此再做一个对比，那就是2015年8月23日，又有这类暴徒想要血洗欧洲的高铁，可偏就碰到了惯于动武的美国大兵，于是，这几名军人赤手空拳便将其制服了。——说到这里，我们或者就可以理解了，美国人何以要制订宪法的"第二修正案"来特许普遍享有持枪的公民权利，那肯定也跟并不安全的社会环境有关。

回顾起来，其实只要属于亚伯拉罕宗教，原本都会倾向于暴力的手段，不光是《圣约》里的犹太故事一直都带有这种嗜血的味道，即使是主导了罗马的基督教，也曾借着收复圣城的宗教理由，一再地发动血腥的十字军东侵；到了现在，它的前两个分支总算相对驯化了，却没承想另一个更生猛的分支，竟又在全球化的强力挤压下，给欧洲的理性化带来了中断乃至倒退。当然，这件事也需要反过来看：虽说在经历过启蒙的世俗欧洲，无论是刊登讽刺穆罕默德的漫画，还是容许亵渎和焚烧《古兰经》，都至少属于"言论自由"的合法范围；可是，那些一辈子都以此安身立命的人，要是能容忍自己的信仰被如此嘲弄，这一生又要再怎样过活下去？由此可见，这里的关键症结还在于，正由于生存空间的骤然挤压，或者说，正是这种"压缩性的全球化"，才导致了各个文明的快速接触和尖锐对抗，并且由此带来了生活世界的裂变乃至垮塌。——再说得激烈与直白一些，这已经不再是韦伯意义上的或价值理性意义上的"诸神之争"了，而是这些神祇到了全球化时代的、直接面对面的血拼，也就难怪这种情势会给恐怖主义的思潮带来最容易滋生的、最令人绝望的土壤与温床。

再把观察的视点抬高一些，更加讽刺的是，我们不难恍然大悟地发现，一方面，那些阿拉伯难民蜂拥到欧洲，实则要在相当大的程度上归咎于美国那种粗暴的中东政策，而另一方面，总是在听从美国的欧洲盟国也并不是全然无辜的。——也正因为这样，针对这种有意无意的外来搅局、这种罔顾别地国情的强势干涉、这种难免招致懊悔的失误操作，我早就在以往的著作中痛切地指出：

这种既复杂又缠绕的文明错位，还表现在下述的矛盾与脱节之中，而整个的当代世界都由于无法应对这种脱节，陷入了恐慌和不知所措的境地。在一方面，如果从现代国家的文明规则出发，肯定能找到很多说得出口的理由，去声讨乃至征讨那些嗜血的独裁者，既然他们竟能动用大规模杀伤性武器，来残暴地维持本国内部的高压秩序。但在另一方面，一旦不顾一切地对他们进行了斩首，也就同时打烂了那些国家原有的秩序，从而使得这种突然失去了"利维坦"的部落，干脆又回到了赤裸裸的丛林时代。——更加令人尴尬的是，这些来自原始惯习的暴力动能，如今又顺势反弹到了欧洲和美国，无论是采取零星移居的还是集体逃难的形式；可偏偏那些早已经过"驯化"的欧美居民，却又失去了应对暴力的原始本能，不再具有以牙还牙的习惯和能力，往往就只能等着被施以行刑式的屠杀。[1]

1　刘东：《悲剧的文化解析（上）：从古代希腊到现代中国》，第231—232页。

18

作为一种必要的补充，在完成上文的论述之后，我们应当从另一个侧面思考人们在迁徙方面的自由权利。——不待言，也正是当前的全球化进程，把这个问题更鲜明地凸显了出来。

一方面，正是全球性的加速一体化，把各个地方文明都并到了一起，由此也就在一种共同的标尺下，凸显了全球性的发展落差。除了那些越来越罕见的特别封闭与落后的地区，其他地区全都只能对比着西方的发达国家，而陷入了普遍的"相对贫困化"。这也就意味着，以往那种在自给自足状态下，曾经在主观上让人们得到过满足感的、相对主义意义上的"幸福指数"，转瞬之间就被绝对的指标抹平了。——这就使得这颗星球上从来没有这么多地区和人口，同时感受到生活状态的可怜，也同时萌生了有待改进、亟需变革的心理。

另一方面，这也确实让那些故步自封的人们，突然就打开了以往的眼界并省悟了当下的不足。——别的不说，中国近几十年来的改革开放，同样是在全球化的浪潮中不断开展的。它给刚从"文革"中消停下来的人们，带来了截然不同的乃至颠覆性的参考框架，以致不能再沿用以往那种宣传的手法，比如不断通过"忆苦思甜"来对比新旧中国，由此意识到"吃得饱，穿得暖"是何等幸福，或者再以"水深火热"来形容世界上的大多数国家，由此意识到"解放亚非拉"才属于自己的使命。——也正因为这样，人们当年才会高声喊出要求实现"四个现代化"的口号，而终于突破了僵化思想的种种限制，谋求到中国经济的高速起飞。

又正是在这种高速起飞的过程中，中国人开始了大规模的迁徙，无论是到国外去留学、经商、旅行，还是定居、婚配、移民。这种非常突出的世界性现象，使我们尤其可以领悟到，其实从晚期智人走出非洲的时候开始，人类就有了择木而栖的生活习性，就享有着四处迁徙的自由。既然如此，一旦有哪部分人非要圈地为界、占山为王，把哪块地方说成自己的神圣"领土"，而拒斥其他人类和平移居此地的权利，那么，这种不无狭隘的"领土性"本身，就不啻某种野蛮的"动物性"，完全有违于基本的人性与人权。在这个意义上，任何"先来后到"式的地域排他性——更不要说并非先到达美洲的白种人——如果从终极的价值理性来判断，都肯定是不符合"平等""博爱"原则的。

正因为这样，虽则卡洪在前述文章中，也曾经指出世界主义的盲点（参见本书第7—8页），可终究在学理上，他也不可能对此全盘否定，而只能要求改善与充实这种理想：

无论我们是否对世界主义加以理论化，我们都扎根在没有多少选择自由的社会领域和实践中，我们只能利用世界主义的一些基本概念并且再生产它们。我们可以选择自我批判，但却不是彻底抛弃世界主义，因为没有它我们便无法有效行动。而且我们也不想抛弃它，因为世界主义中还包含着许多值得记取的思想，比如说人人在价值上是平等的，而且（至少潜在地）认可文化和社会多样性的价值。然而我们应当试图改善它，因为依据其通常的建构，尤其是它最个人主义的形式，它系统地阻挡了人们的视线，让他们看不到人们所依靠的团结体的多种形式，以及这些团结体对于那些较少特权和受到资本主义全球化的排挤和挑战的人们进行斗争的特殊意义。[1]

我在本书一开头也曾经说过，他这种论点当时是"力挽潮流"的。或者说，正如以赛亚·伯林（Isaiah Berlin）对于多元文化的维护，卡洪这种对于民族国家的维护，也确实是需要一点"反潮流"精神的；这是因为，整个国际学术界的主流趋势，当然是维护普遍人权的世界主义，正如卡洪就此向我们综述的：

> 普世化全球秩序（最好统一译名为"世界主义的全球秩序"）的鼓吹者们常常视之为对民族国家的超越。例如，尤尔根·哈贝马斯就写到过"后民族格局"（post-national constellation）。马丁·科勒（Martin Köhler）看到了"从民族国家的到世界主义的公共领域的发展。由于一些人的社会活动和他们的全心襄助，世界正在发展为一个单一的整体。这些人所共享的价值观和利益观包括人权、

1 ［美］克雷格·卡洪：《后民族时代来到了吗？》，载《中国学术·第二十一辑》，第 28 页。

民主参与、法治以及保护世界的生态遗产"。科勒当然承认全球范围内的权威结构尚未充分建立；他是一个温和的世界主义者，并未完全抹杀国家的作用。乌尔里希·贝克（Ulrich Beck）则更为极端。在他描绘的"后民族主义的政治"中，"世界主义的方案与民族国家的方案发生冲突，进而取而代之。"[1]

19

由此又想起，这方面还有一位"反潮流"的思想家，那就是牛津大学的大卫·米勒（David Miller），——他曾描述出下述两难：

存在着这样一些问题，即我们作为个体应当赋予国籍

---

1 ［美］克雷格·卡洪：《后民族时代来到了吗？》，载《中国学术·第二十一辑》，第 5 页。

要求怎样的道德权重。一种极端观点认为，国家应当是我们忠诚的至上对象，其他一切主张都应为其让步。另一种极端观点则认为，我们是世界公民，是人类共同体的成员，对于同胞的主张，我们不应比对其他任何地方的任何人给予更多的关注。我们对这些问题的回答将会影响我们对于诸如对外援助项目等的看法。但当国家之间发生冲突时，这些问题就会呈现出一种尤为尖锐的形式。仅仅因为这是我的祖国，我就应当愿意为捍卫它的利益而战斗吗？或者，我是否只能以某种更具普遍性的事业（在特定情况下，可能会由我所属的国家推动）的名义去战斗，比如人权事业？[1]

面临着这样的艰难抉择，米勒的立场则是援引着伯林，来为个人具有的"民族性"辩护，而主张"民族意识"也是不可或缺的：

1　David Miller, *On Nationality*, Oxford: Clarendon Press, 1997, pp. 3–4.

"民族主义"通常被认为具有一系列不受欢迎的内涵，可通过使用其他术语，例如用"爱国主义"或"民族意识"来表示可辩护的立场，并将"民族主义"留给反对派，就可以避免这些内涵。例如，伯林曾将民族主义与"仅仅是民族意识——属于一个民族的归属感"进行了对比，然后在对恰当的民族主义的定义中加入了很多内容。他说，这涉及四个基本信念：第一，人类的性格深受其所属群体的深刻影响；第二，这种群体在本质上是准有机的，以至于其个体成员的目的不能与整体的利益相分离；第三，个人追求的最终目的应被解释为某个特定民族群体的价值，而不是具有普遍和超越的地位；第四，民族的利益应被视为至高无上的，不允许任何事物阻碍其对这些利益的追求。[1]

　　的确，就算它的道理只是部分成立或者受到某种限制，"民族意识"总还是有其道理的，——正如我在以前的著作中

1　David Miller, *On Nationality*, pp. 7–8.

指出的：

> 当然了，你也可以因为自己一向反对民族主义，就不管那是什么类型的民族主义，无论文化上的还是政治上的，本国的还是外国的，原生的还是次生的，进攻的还是防守的，都一概予以无情的抹杀与抵制；不过，恐怕你也可以稍微再谨慎一点，意识到自己之所以要反对民族主义，乃是因为这种表现为"特殊主义"的思想倾向，天然地就不可能去"普遍主义"地善待全人类，于是也就在抵制强势文明民族主义的同时，又去对弱势文明的民族主义报以某种同情，或者说，是在以赛亚·伯林所阐发的意义上去体谅到，那样的思想倾向即使仍然不无狭隘，也属于"树枝"在被"压弯"之后的不得已的反弹。[1]

不待言，也正是基于这样的考虑，我才在另一处文字中又提出，不光是那种舶来的自由主义，就连同样经由进口的

1　刘东：《我们共通的理性》，第 34 页。

民族主义，都可以算作一种相对自足的"学理"：

> 以上一圈接一圈的原路打转儿，或许正所谓"启蒙"与"救亡"的反复"压倒"？我得承认这种提法不乏敏锐的见地，正是它率先对历史给出了这样的分析：一九一九年五月四日那天的精神陡转，跟前此的"文化运动"或"思想革命"，存在着无法抹杀的严峻区别。不过，如果有缘跟我老师当面交换看法，我却很想提请他从头考虑一下：不管是从左摇摆向右，还是从右转移向左，这种种有始无终的五心不定，恐怕都不像他说的那样简单，只是由于权宜之计而背叛了"学理"，——体认到当今世界仍要"竞于气力"，由此转而想要探究国家间或文明间交往的规律，恐怕另是一套很有价值的"学理"罢？[1]

即使如此，我们仍要时刻对此心存警惕，不能误以为公平正义的普遍人权足以在一个"民族－国家"内部完全实现，

1　刘东：《公理与强权——写在五四运动八十周年前夕》，见《理论与心智》，第154页。

即使它较为健全地实施了某种民主制度。事实上，问题的矛盾或吊诡之处在于，一方面，正因为未能贯彻世界主义，或者未能彻底全球化，人类在迄今为止的有限历史中，充其量也只是在有限的社会单位中，相对地贯彻了民主的精神，相对地保障了公民的权利；可另一方面，又正因为这样的民主制度只能落实在有限的"民族－国家"中，所以，这种制度不光未能造福于全人类，还对居于这个"民族－国家"之外的人们，从一开始就在制度设计上构成了不平等，而且，也正是在它实则"并不均等"的意义上，这种限制在"民族－国家"中的民主制度说到底又是并不充分的，甚至根本就是并不民主的。

既是这样，尽管一方面也曾有人主张"自由民族主义"，比如，犹太学者耶尔·塔米尔（Yael Tamir）就曾经说过：

> 自由主义的传统连同它对人的自主性、反思性、选择的尊重，以及民族主义连同它对归属、忠诚以及团结的强调，尽管一般被认为是相互排斥的，但事实上是可以相互补充的。自由主义者可以承认归属、成员身份与

文化忠诚以及随之而来的个人的道德信念的重要性，而民族主义者则可以接受个人自主与个体权利和自由的价值，保持对于民族内部以及民族之间的社会正义的价值承诺。[1]

再比如，前述的大卫·米勒也曾经说过：

我们已经注意到，"自由民族主义"并不是自相矛盾的说法：既可以有自由民族主义者，也可以有其他类型的民族主义者。从历史上看，民族自决的事业和政治自由主义的事业也常常携手并进，意大利民族主义者马志尼就是如此。所以很明显，一开始就将自由主义和民族主义视为相互对立的意识形态或价值体系是并不正确的。[2]

1 ［以色列］耶尔·塔米尔：《自由主义的民族主义》，陶东风译，上海：上海社会科学院出版社，2017年，第4—5页。
2 David Miller, *On Nationality*, p. 192.

可另一方面，这种"自由＋民族主义"的奇异说法，就算有时候可以耦合起来，又终究在理念深处属于一种"方的圆"，而且，这两种理念终究会有所拒斥与排挤，以至于造成双方的委屈与变形。当然了，对于从年轻时代就读过宾克莱《理想的冲突》（Luther J. Binkley, *Conflict of Ideals*, 1969）的我们来说，这种悲剧性的理念冲突与价值相悖，自那以后也早都属于司空见惯的了。可即使如此，写到这里我还是要再次提醒：在这种常见的"理念的冲突"中又万不可忘却，毕竟唯有"后民族国家"或"世界主义"的理想，才属于更高层次的、足以普惠全人类的价值；也终究只有秉持这种普适的价值理想，才可能柳暗花明地帮助我们从当今这种"全球化受挫"的困境中努力走出来。——于是再反过来说，一旦心甘情愿地接受了"后全球"的口号，我们也就无异于变成了只能在这方面彻底心灰意冷，无法再受到这种价值理想的召唤与范导了。

正因此，既然刚刚才在思想上澄清了"移民自由"的问题，我在立场上就更倾向于凯瑟琳·汤基斯（Katherine Tonkiss）的下述论点了：

大卫·米勒会断言，在民族国家以外的环境中谈论民主是不可能的，或至少在这些替代环境中谈论高质量的民主是不可能的。正如我此前详细考虑过的，这是因为民族主义的约束情感被认为对民主实践至关重要。然而，在本章的过程中，我已提供了重要的理由来反驳这样的论点——实际上，民族主义对于实现这些实践并不是必要的。正相反，对于共享的民族身份的强烈强调，倒可能不必要地导致我们忽视在国家之上参与共同治理的可能性。本节中的例子和讨论为我们提供了一些理由，认为在一个日益全球化的世界中，如果忽视这样的机会，就可能给提供适当强大的民主合法性带来重大的问题。[1]

我们看到，既然已经预设了这样的立场，凯瑟琳·汤基斯就此提出的解决方案便不再是基于"民族性"的个人身份，而是借以取代它的"宪法爱国主义"（constitutional patriotism）

---

1 Katherine Tonkiss, *Migration and Identity in a Post-National World*, New York: Palgrave Macmillan, 2013, p. 34.

了；而且，这种非民族形式的、更加普适的国家归属感，原本我们在还未曾被撕裂的"美国梦"中，也早领教过它的凝聚力和感召力。——具体而言，这位作者是这样论证的：

1. 如果我们要将宪法爱国主义视为一种站得住脚的后民族身份和归属感的形式，那么我们也必须承认，宪法爱国主义意味着跨境流动的自由。

2. 如果我们接受流动自由，那么我们还必须考虑这种迁移可能鼓励的"后民族悖论"所带来的挑战，这使得宪法爱国主义的实施要困难得多。

3. 如果后民族悖论被视为代表了这一挑战，那么我们就必须认识到，对宪法爱国主义的有力解释取决于包容性公民身份框架的发展，这涉及话语进程一直发展到最基层，以替代群体身份。[1]

1　Katherine Tonkiss, *Migration and Identity in a Post-National World*, p. 193.

20

　　进一步说，在方生方成的全球化进程中，由于用来解读各种参数的框架本身总是在斗转星移地转换着，很多原本固定的历史因素，也就总是可以随之被不断赋予新的意义。——于是也就不无可能，它又会使得本来看似无解的问题，突然始料未及地变得有解了，而本来难以摆脱的困境或僵局，也突然柳暗花明地变成了机会。

　　还是以前述那个"人口"因素为例，正由于我们在"文革"以后主动而适时地打开了国门，而偏又适逢了全球一体化的再掀高潮，中国在改革开放前积累下来的相当严重的人口包袱，突然转变成了一种相当难得的、足以谋求经济起飞的条件，尤其是对这个资源相对贫乏的国家来说。本来，读一下伊懋可（Mark Elvin）的《中国过去的模式》（*The Pattern of the Chinese Past*, 1973），了解到是什么导致了"高水平平衡陷阱"，或者读一下黄宗智的《华北的小农经济与社会变迁》，了解到是什么导致了农业生产的"内卷化"或"过密化"，就足以判定原本如此巨大的待业人口，对于"文革"结束时的中国意味着什么，不然的话，也就不会有当年那场反"城市化"的"上山下乡"运动了。——事实上，只要是没有内外条件的同时转变，这种人口与资源之间的巨大悬殊，就只能导致生活水平的日益下降、生态条件的日益恶化，以及社会矛盾的日益激化，而人民也只能活得愈加艰苦。

然而无巧不巧，在这方面最有启发或最妙趣横生的是，一旦了解到加州学派的上述论断，再来读一下彭慕兰（Kenneth Pomeranz）的名作《大分流》（*The Great Divergence*, 2000），那么就不难恍然大悟，原来后来发生在中国的这种"大逆转"，如果从比较历史学的角度来联想，竟很像这位汉学家笔下冷然发现了海外市场的英格兰。也就是说，这两个可以进行对比的国家，都是因为某种偶发的外部因素，突然释放掉了内部增长的人口压力，并且由此而获得了始料未及的、足以震惊世界的发展；而且，如果没有这种偶然出现的外因变化——当然在彭慕兰的著作中，就是欧洲同美洲的突然连接——那么，这两个社会就都会陷入发展的困境，难以应付生态与人口的巨大压力，从而就很难避开上述那类

"陷阱"或"内卷"。

　　由于我们知道 19 世纪发生的事情，我们太经常地把注意力仅仅集中于那些在比较早的时期就已经指向欧洲的突破和中国的困境的标志上。但一个更为准确的历史记录会承认指向不同方向的标志，并且会问，为什么在历史的某一刻英格兰面对的问题（举例来说，相当平淡无奇的农业单位面积产量、最高产量几乎没有变化，一些地力耗竭的迹象，加上相当严重的滥伐森林）变成了小得多的问题，尽管由于英格兰的人口在 1750 到 1850 年间增长了两倍，人们预期它们本应成为更大的问题，而同时江南在例如地方能源供给（它曾长时期用多种方法进行调整适应）及它对以棉布换谷物的贸易的依赖（这种贸易长时期运转良好）方面相对的缺陷突然变成了更为严重的问题。[1]

1　［美］彭慕兰：《大分流：欧洲、中国及现代世界经济的发展》，史建云译，南京：江苏人民出版社，2008 年，第 4 页。

当然了，想要对接上这样的外因，总还要配以相应的内因。而更无巧不巧的是，早在中国还未宣布改革开放之前，那些同样位于东亚的外围地区，就已顺利获得了"雁阵式"的高速起飞。——于是，一旦到了 20 世纪 90 年代初，再参考亚洲"四小龙"的成功经验，国内的主导舆论风气也就为之一变，不再认为儒家文化有碍于经济发展了：

　　　　尽管摆在鼻尖上的不争事实，推翻了从韦伯主义出发对儒家文化判处的死刑，可做出此种误判的法官却威信不减当年，反以另一种姿态再度"降世"了。这一次韦伯主义是针对东亚区域和华人社会的奇迹，开出了经济社会学的解释框架，以便在考虑经济曲线时纳入文化变量的参数（比如"勤劳""节俭""忍耐""重视教育""团队精神"等等）。由此一来，他那本名著的标题，似乎也已变换成《儒教伦理与资本主义精神》了。[1]

1　刘东：《韦伯与儒家》，见［英］弗兰克·帕金：《马克斯·韦伯（修订版）》，刘东、谢维和译，南京：译林出版社，2011 年，第 139 页。

实际上，如果从更高的层面来判断，对于"中国传统文化"与"现代资本主义"的关系，我从一开始就保有相当的疑虑：

一方面，一个完整的儒家体系，不仅不会原生地产生"合理性资本主义"，还会对这种所谓的"合理性"进行价值挑战；另一方面，一个破碎的儒家社会，特别是其中被外援因子激活的世俗成分，却足以移植和继生这种资本主义。[1]

也正因为这样，我前不久还是这样回答记者的：

一方面，如果精英的儒家还在，那还是不能赞成这种单向度的现代化，它把消费主义看成唯一目的，而这同传统的"义利之辩"正相反。另一方面，作为底层的社会心理，世俗的儒家毕竟还残存着，它克勤克俭、隐忍平

1　同前引，第140页。

和、重视教育、讲求信用、看重血缘、尊敬权威。所有这些文化心理要素，都被人们视作了理所当然，其实也包括那些否定传统文化的人，却不知那正是他们的文化前理解，而且也正是这样的文化特性，才支撑了对于现代化的移植，才构成了当代生活的隐秘地基。[1]

不过，纵使心底深处有所保留，对于发生在当代的这次"大逆转"，我还是要庆幸自己的国家这一回总算抓住了机会：

自从严复以《天演论》中的文化诠释，发出了有可能被"开除球籍"的紧迫警号，中国人就一直处于"救亡保种"的压力中。在这个意义上，尽管以十一届三中全会为界碑，此前的"大跃进"及"文革"与此后的改革和开放，分属于南辕北辙的二水分流，不过如果能体会得更深，反映于其中的急迫心情还是大体相通的。——而在这种行

1 刘东：《传统的毁弃与更生：关于当代文化问题的对话》，见《引子与回旋》，上海：上海人民出版社，2017年，第293页。

色匆匆的全民急行军中，正如前文已经讲过的，尤数晚近几十年来所发生的变化，其速率之快，为时之长，幅员之广，涉及人口之多，不要说在中国自身的历史上了，就是在整个人类的文明史上，恐怕都从未有过这样的先例。正因为如此，它将给世界史带来的剧烈而持久的冲击，也是站在现在的基点上还无法充分预估的。（《再造传统》，第227—228页）

21

应当看到，正如我在前文中分析过的，"人口众多"对于当时的中国来说，原本无论怎么看也不能算是好事，而所谓"人多议论多，热气高，干劲大"的说法，也根本不符合当年的实际国情。所以说，只是到了"大逆转"的历史条件下，足以再从全球化的框架来看待这一点，中国的劣势才突然转换成了优势。也就是说，由于引进了发达国家的资金和技术，缘此一方面，即使它的自然资源仍是相当贫弱的——拥有多达全世界 20% 的人口，却只有区区 7% 的可耕地——却总归能让"搞饭吃"不再成为问题，而另一方面，则又为中国这个未来庞大的"世界工场"，提供了数以亿计的成本低廉的劳动力。

那么到今天来回顾时，又应当怎么评价马寅初的《新人口论》呢？会不会反而是他从一开始就弄错了呢，而当年对他的"上纲上线"才是对的？——在这里，为了快速地扫描他的基本论点，权且引用一位后学的概述：

> 马寅初先生逆着人口愈多愈好、社会主义永远不会存在人口问题的教条主义之风，提出了我国存在着人口问题的崭新观点，其主要内容是：（1）人口基数大，1956 年已有 6.2 亿；（2）人口出生率和自然增长率高，一般都分别在 34‰ 和 22‰ 左右；（3）人口增长太快，1954 年到 1957 年平均每年净增人口 1362 万；（4）我国人口质量低，身体素质较差，平均文化程度也较低；（5）我国经济底子薄，人均各项经济指标低，已经产生，并将继续

产生人口与经济的种种矛盾与问题。他为了说明人口发展太快的严重性，做了简单的预测。他说："如以净增率2%计算，15年后将达8万万，50年后将达16万万；如以3%计算，15年后将达9.8亿，50年后将达26亿。"[1]

可问题却在于，在当时全球冷战的国际背景下，和闭关锁国的国内情势下，根本就不存在连接全球化的任何可能。既然如此，又怎么可以忽视人口与资源间的巨大反差呢？——所以平心而论，还是孙冶方的评议更有说服力：

当年对马老的批判在学风上是很有问题的。虽然批判文章连篇累牍地大讲种种道理，实际上必然会引起人们的一种错觉，好像凡是提倡节育者，就是马尔萨斯主义者，在我国人多只能是好事，不可能发生什么问题，等等。这种观点对20年来增加起来的两三亿人口是负有相当责任的。马老始终对强加给他的批判不服，他在1959

1 张纯元："序"，见马寅初：《新人口论》，长春：吉林人民出版社，1997年，第3页。

年11月说:"我虽年近80,明知寡不敌众,自当单枪匹马,出来应战,直至战死为止,决不向专以力压服、不以理说服的那种批判者们投降。"马老这种坚持真理敢于斗争的精神,确实是值得我们一切理论工作者学习的。[1]

在那样的时代,不要说马寅初那一代,即使到了孙冶方这一代,也是不可能预见到中国在得以享受"人口红利"之后,又会陷入前述的那种"压缩现代性",即使已经绝口不谈"计划生育",它的人口规模还是只能一再地萎缩。正因为这一点,我才在一次谈话中列举出"第三个忧虑":

中国对人口学的研究太少,人口能不能真正反弹?其实全世界的教训都是人口下去就上不来。现在放开二孩都是笑话,为什么下去就上不来?因为中国文化依附于家庭,孟子的学说"老吾老以及人之老,幼吾幼以及人之幼",从家庭里操演出社会的感情,然后推演到社会上去,

---

1 孙冶方:《经济学界对马寅初同志的一场错误围攻及其教训》,载《经济研究》1979年第10期。

这个文化一断掉就起不来了。我们现在一个很重要的问题，从国学家的角度来说，不光是称谓没有了，更重要的是家庭给我们带来什么样文化的意义。如果这件事不能恢复，我相信中国人只会想到再生一个孩子要多少钱，这样我们的老龄化就没有办法解决了，家庭生活当中的韵味，"每逢佳节倍思亲"都不存在了。[1]

更加让人警觉的是，在当下这个紧要的关口，历史的寸劲又进而表现在，如果中国当年在欠发达状态下生产出来的那一代既相对廉价又吃苦耐劳的劳动人口，是在突然展现出来的全球化"窗口期"转化成了难得的"国家优势"，那么在当今世界格局中的印度，同样因为它的人口最多、人口结构又相对年轻，突然变成最被跨国公司看好的宠儿了，——或许，非要直到这个国家走过同样的阶段，从而同样被"压缩现代性"内卷起来，大家无论如何都不愿再多生孩子了。由此又想起，在这个问题上，其实大家要是能参考一下经济学

---

1 刘东：《社会自治可驯化政治力：在 2015 冬季腾讯思享会上的发言》。

中的"依附理论"——比如浏览一下冈德·弗兰克（Andre Gunder Frank）的那本《依附性积累与不发达》（*Dependent Accumulation and Underdevelopment*, 1979）——从而弄清在全球性的资本主义流通中，在世界经济的依附性发展中，在跨国公司对于利润的极力追求中，也只有那些居于"中心"的发达国家，作为一种"外因"，才能在经济发展中占据主导地位，那就足以将这些问题看得更透彻了。

当然，在冷眼旁观之下，就当今迅猛的技术浪潮来看，印度很可能还是晚了一步，并不一定就能赶上"末班车"。事实上，正是在所谓"第一生产力"的推动下，全球化的参考框架总在不断变化，也可能突然地就让某一种参数始料不及地改变了它的意义。因而，不断斗转星移的天下大势，如果曾经在某一个发展阶段让廉价劳动力成为一种"后发的优势"，那么，它也可能在另一个发展的阶段，突然又让这样的优势全部化为乌有，或者再次转变成"后发的劣势"。别的不说，只说当今如火如荼的 AI 产业，正是被理解为最大"新质生产力"的，一旦再试探着向前稍微发展几步，可以预见的情况就会是，人口的数量便远没有它的质量重要了，甚至使得"劳动力密集"已不算什么国家优势，倒是美国反而有可能大量地出口成衣。——倘若如此，那么印度所拥有的举世人口最多，很可能就算不上什么"金矿"了，正如一旦新能源技术再稍微发展几步，那些长期"漂在油海"中"富得流油"的阿拉伯国家，也就同样不可能再安享地下涌出的"泼天富贵"了。

不过与此同理，在这种烽火连天、四处报警的情势下，眼下对于中国最为急迫的，与其说是应付日渐萎缩却比较缓慢的出生率，还不如说是应对来自人工智能的迫在眉睫的挑战。比如，一旦突然被自动驾驶抢走了饭碗，那么，至少为数以千万计的网约车司机，还有与他们同命相连的、为数肯定更多的快递员，就会从当前的隐性失业或半就业，突然变成了赤裸裸的显性失业、无工可打，从而造成相当严峻的社会形势。毫无疑问，由此突然多出来的劳动力数量，要远多于"少子化"带来的人口减少。——而果真如此，我们也就足以大彻大悟，原来"人口众多"并不见得是件好事，至少并不总是可以被当作好事。

再说一句更加放开的话。从这个意义来看，张庆燮在前边所描述的那种普遍的"家庭罢工",也即不约而同地拒绝"再生产劳动力",尽管肯定也要给当下的社会带来阵痛,不过要是从历史的长时段来看,或许并不是全然消极的历史现象。——也说不定,那正是在人口与生态的巨大压力之下,由人们集体下意识做出的一种自然而然的恢复。也就是说,只要熬过了当前这种短期的阵痛,不再无限制地追求经济的发展,尤其是在"民族-国家"框架下的比拼式发展,人类也有可能又从这种"自我的膨胀"中回归,重新回到跟生态更加和谐、更加友好的水平,从而以一种更加合理的人口再生产,释缓了对于自己和对于自然的双向压力。

说到根子上,当今对于经济发展的无限制追求,与其说是出自对于人本身的满足,还不如说是在目前这种难以自拔的"囚徒困境"中,想去满足一定要打赢这场"商战"的狭隘心结。而且,这样的"商战"还只是以"民族-国家"为本位的,而绝不会是以"同一颗星球"为思考的出发点,唯其如此,这些"囚徒"们才会都被关在各自的牢狱里,如"井底之蛙"一般共同走向了末路。因此在这样的困境下,即使为了"商战"而鼓励"多生孩子",也绝不是因为真爱这些未曾见过的孩子，而只是要去谋求永不停歇的增长，并没有考虑过这些孩子的未来，并没有考虑过他们将来的生活，也并没有考虑过整个生态的巨大压力，没有考虑过地球气候的骤然变化，更没有考虑过自然资源的日渐枯竭，——总而言之，从来都没考虑过我们这颗星球的未来。

所以，正如我在二十五年前就惊呼的，对于这颗明显已经"过于拥挤"的星球来说，人们到底再去攫取多少"才能算够"呢？——

哪怕业已双目失明，根据我国的人口与资源之比，也应能看出那种"市场理性"的大限——就冲那点儿石油和可耕地，无论怎样挖空心思扩大内需，也不可能既把地面耕松洒满化肥，让它每天长出十几亿块牛排，又把地面夯实铺满柏油，以供好几亿辆小轿车来往穿梭罢！……何况我们还不是盲人，还能辨认出稍远点儿的前景，知道倘以目前的发展速度，那么中国只需要几十年时间，就必须喝干全球石油产量来维持自己的发展速度——而且这还不是什么可以保守的秘密，所以还根本等不到这种结局，就会动员起空前规模的反华势力，为了争夺资源而不惜新的世界大战！……再说我们还长着头脑，还可以从文明的根基处发出思考，晓得就算地球资源能够填满上百亿个欲壑，也不该总是这般与自己的家园为敌，剥夺了跟生存环境的全部亲和感——因为这种主体意志的自我骄纵与膨胀，以及对待其他生命和非生命形式的失德态度，哪怕不会受到大自然的严厉报复，也会压扁和榨干我们自己的生活世界！……[1]

22

接下来，再从空间角度继续观察。由于"全球化"的说法正如前文所讲的，"在其底层只是个芜杂纷乱的复合概念，它先从起始的西方化、国际化、世界化的内涵，又逐渐发展出

---

[1] 刘东：《别以为那离我们还远》，见《理论与心智》，第87—88页。

普遍化、全球化甚至星球化的意蕴，而且，所有这些意涵还都茫然无序地叠加到了一起"，所以说，它那些被堆叠到一起的意涵，就不光会因时而异地错开，同样会因地而异地裂变。也就是说，一旦到了不同的地区与国别中，尤其又是处在不同的时间坐标中，它那些曾经叠加、拼凑、粘合起来的意涵，也会因应着各不相同的地理空间，不得不变得更加分化、离异与撕裂了，——最起码，也是对于不同国家的人们，在浓淡的程度和先后的次序上，都会表现得含义有所不同。

本来不在话下的是，在公认的"公平交易"的市场原则下，人们当初之所以愿意同时签下那些大单，注定就意味着当时它对签约双方全都有利。当然在中国这边，正如我在前文中已经庆幸过的，这回总算是抓住了一次难得的机会，乃至于后来还诱使一些浅薄的人得意忘形地宣扬自己怎样"厉害了"。而反过来，对于那些利润至上的跨国公司来说，这同样意味着有利可图的大好机会，而且肯定会比让它们继续留在本国，意味着更加丰厚的乃至大大超额的利润。——只不过，这么多利润后来到底又流向了哪里，而这对它们原本的所在地又究竟是祸是福，就是我们不得而知也不应过问的了，这也确实不是中国人可以控制的。

然而很快，几乎不出所料，我们就看到这类跨国公司的所在国政府，又在为此种交易而感到懊悔了，于是乎，全球化过程中的另一种逆转，也就很快出现在整个世界的格局中。——如果说，我在十年前出版的《再造传统》是在讨论正冲击着"中国文化"的"全球化"，把它看成压给中国人民的一种宿命，那么，偏偏只是在那以后的短短三年，美国人同样感受到了它的压力，所以又出乎意料地选出了特朗普，而这势必意味着"全球化"要受挫了。

事后来看，也许压垮骆驼的最后一根稻草，正是那些位于"锈带"中又处于摇摆州的失业工人，这些人可以说是在几近绝望地——即使是缘木求鱼地呼唤着变革，至少也想对事态的发展"叫停"。也正是以特朗普的那次上台为标志，一直把"自由贸易"标榜为立国之本的西方，开始对这项基本国策游移不定了。也就是说，面对由全球化推动的"世界工场"，他们反而打出了"本国制造""自力更生"的旗帜，或者说，面对着由"西方化"推动的"国际化"进程，他们反而率先站起身来，要掀翻桌子、改变规则了。

坦白讲，对于这种天翻地覆的重大变化，我早就留足了心理准备，正像我在前文中引证过的，在《再造传统》中，我援引哈佛大学的政治学家斯坦利·霍夫曼指出，"这种全球化的倾向既非不可避免的，也非不可抗拒的，它既然源自美国的强大经济影响，也会由于美国的经济危机而退潮。"——当然，一方面，在面对林林总总的十字路口时，这类的预感或苗头只是多种可能性之一，也就是说，只要它还没有压倒其他的可能性，就还有可能被别的可能性压倒；可是，另一方面，我也确实曾经在美国的芝加哥，更不要说还在几近荒废的底特律，目睹了美国底层生活的喘息实情，或者更全面地说，是看到了贫富的差距正惊人地拉大。

　　实际上，当时就流传着很多这类纪录片，都在反映美国人如何被"夺走了工作"，而且故事中那个最大的抢夺者，总是要向东归咎于作为"世界工场"的中国。再到后来，又有一部充满了心酸的影片《无依之地》（*Nomadland*, 2020），更以故事片的形式凸显了潜伏在下层的痛苦。——在这里，为了让大家能有直观的印象，权且引证网上对这部影片的描述：

2008 年金融危机，美国内华达州昂皮尔小镇一家作为重要经济支柱的石膏厂倒闭，造成大量人口失业，经济崩塌，这里的邮政编码也被取消。

为求生存，这里的人们被迫离开家乡，外出谋生。人去楼空，昔日生机勃勃的小镇被废弃成鬼城。

丈夫去世后，几乎在昂皮尔小镇度过一生的中老年女人弗恩也失去了工作，独自一人无力负担生活的她不得不踏上"逃亡"之路。

为了将生活成本压到最低，她将所有的简陋家当搬进改装的房车，开始了一路打临时工、一路流浪的游牧生活。

在亚马逊流水线上，在游乐园的咖啡厅里，在国家森林公园里，弗恩面无表情、干净利落地完成一份又一份工作。对于这个已经无可失去的女人来说，似乎没有什么可以让她感知到自己还是一个活着的人。[1]

---

1 影识集:《〈无依之地〉：一切皆无可依才是生命的真相》，网址：https://baijiahao.baidu.com/s?id=1696202356402250322&wfr=spider&for=pc。

总而言之，正如一位新加坡作者对于这种变化的概述：

直到 2008 年之前，上述"全球化推崇论"的逻辑仍然是西方主流思潮。西方国家的经济危机不断引发社会危机后，西方主流舆论的"全球化怀疑论"不断抬头，其主要背景是高失业率。……这种怀疑论的核心分为两个方面：第一，全球化让劳动密集型产业大量转移到发展中国家；第二，全球化让跨国公司更加便利的进行合理的直接投资。结果是夺走了西方国家大量就业机会。……全球化从来就是一把"双刃剑"，不仅对发展中国家使用，现在看来同样适用于发达国家。发展中国家在融入全球化进程中获得了巨大利益的同时，也付出了各种代价和牺牲，西方国家对"迟来的代价"也应当理性和客观地对待，根本的原因是西方在国际经济中的绝对优势地位正在失去，全球增长的牵引力量也不再完全依靠欧美。[1]

1 张云：《西方为何成了全球化的怀疑者？》，《联合早报》，2011 年 8 月 24 日。

23

再来强调一遍，正由于"全球化"的概念是先从"西方化"的内涵逐渐依次发展出自己的"国际化""世界化""普遍化""星球化"的含义，因此，不光是代表着前一种含义的内容会在"全球化"的起始或发球阶段强烈地冲击着我们的"中国文化"，乃至所有其他的"非西方文化"，而且，一旦那些非西方地区也逐渐学会了这个游戏，或者说慢慢地学会了接住这个球，那么，后边那几种含义的内容也就会逐渐地增长和凸显出来，于是那些非西方国家也就会再把球踢回去，让当初的发球者始料未及地看到有可能割伤自己的"回旋镖"。——所有这一切，我已经在以前的著作中指出过了：

> 我们甚至还看到，尽管"西方化"乃至"美国化"，已被很有道理地看成了全球化的内涵之一，然而，就连这种趋势发端的国家，照样受到了来自它的巨大反作用力。这样一来，略显反讽的是，就在那些非西方国家不

断发出埋怨，批评全球化带来了失序与不公的同时，身在大洋彼岸的美国人自己，也开始大肆怀疑起全球化来了，——尤其是它所逻辑蕴含的、带来了空前失业率与国际收支逆差的"自由贸易"，尽管后者曾被他们长期视作立国之本。(《再造传统》，第200—201页)

事态的严重性更在于，这种"回旋镖"出乎意料地出现，也于不经意间贬损了西方的劳工，让他们突然发现痛失了长期斗争的果实。本来，那些劳工曾经享受的发达国家的工资与福利，当然不会是单纯由资本家好心赠予的，就算那些人还保有着宗教的基本信条，也更要感受到企业间的殊死竞争；因此，所有有关最长工作时限、最低工资水平、基本劳动条件的规定，都只是得益于由工会组织的大规模罢工，甚至就连中国人也在欢庆的"五一国际劳动节"，同样是源自芝加哥等城市的工人斗争。不过话又说回来，像罢工这样的斗争手段，毕竟一般只适用于一个"民族－国家"之内，而且说穿了，它是以一种"鱼死网破"式的或自我牺牲式的下注，对赌整个国家的总体经济运作，迫使资本家在违约和破产的更大风险下，不得不忍痛向受雇的员工做出让步。——只可惜到了眼下，既然大部分生产都已经在跨国进行，这种手段就显得失效、过时，甚至荒谬了；以至于，就连西方工人斗争得来的种种福利，包括远高于非西方国家的工资，都转眼变成了使他们陷入劣势和困境的理由。

如果不偏不倚地看，那些突然掉到贫困线以下的工人，其现实处境也确实是值得同情的，确实构成了一曲"下层民众的悲歌"，甚至于，如果动用马克思当年喜爱的术语，他们如今即便想要继续被别人"剥削"，也已经变得相当困难，从总体上不大可能了。可是，跟以往认定了那些"一无所有"的"无产阶级"就注定会"最坚决、最彻底、最具有革命性"的论断相反，我们从现实的历史中其实不难发现，产业工人的社会姿态从来都是最保守的，说穿了，他们就连想获得用来反抗的思想武器，都是从小就付不起高昂的教育成本。——以至于，不光是美国的"劳联""产联"会在 1970 年代跑到街上去镇压"反对越战"的学生示威，而且，正是在"锈带"中饱受煎熬的失业工人，才在八年前选出了那位极端保守的特朗普。

说来不免有些吊诡，即使在私德上相当可疑，甚至路人皆知，竟身缠34种重罪官司，可这位特朗普的另一面却是，他总是在用"传统"或"保守"的旗号来拉票。为了迎合国内高涨的民族主义，这位本身就曾当过媒体人、知道如何逢迎民意的地产商，便投机地顺应了典型的门罗主义，或明显的孤立主义，以"让美国再次伟大"（Make American Great Again，简称MAGA）作为自己的竞选口号。——可话说回来，如果我们由此就简单地总结说，这无非是出于政客式的投机，或者骗子式的伪善，还是显得太过表面化了；如果真的只是这样，那么接替他上台的美国总统拜登，就不会顺从当今的主流民意，又把他的这种政治遗产继承下来，甚至有的时候干脆是变本加厉了。

　　由此可知，要是能够看得更深，我们就应能从根子上看到，这一切都还是源于"全球化"本身，或者更加确切地说，都是因为"全球化"发展到了某个阶段所必然引起的巨大的结构性矛盾。说到底，藏在底部的脱节、错乱之处还在于，当前在各国和国际施行的基本制度，一方面是以"民族－国家"为本位的，而另一方面又是要挣脱和超越"民族－国家"

的。正因为这样，那些无孔不入、唯利是图的跨国公司，才有可能在这两者之间钻空子。在西方的公司从跨国经营中赚了大钱的同时，西方的社会本身反而出现了空洞、凋敝与垮塌。——试想一下，如果不是这样，比如还是以传统的"民族－国家"为本位来进行传统的双边进出口贸易，那么，任何明眼人都能一眼看出，在这种"一国"与"另一国"的"对等"商战中，原本还是由西方的公司拿了大头、赚了便宜的。

而在交易的另一侧，对于非西方国家的人民而言，此间的困扰或委屈又在于，也并不是自己眼前的日子突然之间就变得多么好了，而只是在全球化的互联互通下，曾几何时人家那边的日子相形之下实在过得太舒心了。——还是以中国这边的情况为例：受制于人口与资源的巨大悬殊，我们这边的职场竞争是异常地紧张，劳动的时长更是难以想象，生活的质量则相当辛苦，医疗的条件也还很落后，生态的环境更是大为恶化，弄不好还会遇到贪官的盘剥，可就算是这样，这边"克勤克俭、隐忍平和、重视教育、讲求信用、看重血缘、尊敬权威"的世俗儒家，总还支撑起了中国当年的这次高速增长。可麻烦在于，一旦大家都挤到同一条赛道上，那么，就跟习惯了缺氧环境的西藏人，决不会害怕跟发达国家的登山家去比试如何攀爬喜马拉雅山一样，其实中国人在"商战"中的主要优势，也不过在于"克勤克俭、隐忍平和"。——再沿着前述的历史对比也不难得出这样的判断：如果还是没有"全球化"的外在条件，那么，中国人在生存竞争中的"内卷"，就只能去限制18—19世纪的江南地区；可一旦有了"全球化"的外来因素，中国人在生存竞争中的"内卷"便会超出国界而发展成"外卷"，直到用"商战"把国外对手卷得喘不过气来。

同样出于这个原因，既然"全球化"的题中应有之意，原本就是对于"民族－国家"的冲破与结构，那么，作为对于这种冲击的回应与反弹，"去全球化"才会成为此后的一大时尚，而所谓"后全球"的提法才会应运而生。——这种不断出现的结构、解构，乃至解－解构，简直把一切都弄得乱七八糟、分崩离析了，于是使人不禁想起《共产党宣言》中的名言，即"一切坚固的东西都烟消云散了"（all that is solid melts into air）；而我的一位老友也正是以这句话为题，写出了他那部久负盛名的著作。

在《一切坚固的东西都烟消云散了》一书中我试图展开一种观点，这种观点将揭示出，所有各种文化运动和政治运动都是同一个过程的组成部分：在这一过程中，现代的男男女女肯定自己现在——即便是悲惨的受压迫的现在——的尊严和自己控制自己未来的权利；努力在现代的世界里为自己争取一块地方，一块自己能够作为家的地方。从这个观点看，当代世界到处都在发生的要民主的斗争是现代主义的意义和力量的核心部分。那些拿自己的生命去冒险的无名大众——从格但斯克到马尼拉，从索韦托到首尔——正在创造各种新的集体表达的方式。团结与人民的力量作为现代主义的突破点就像"荒原"或"格尔尼卡"那么响亮。本书远没有结束对"人类是自由的英雄"的"宏大叙事"所进行的论述：新的主题和新的活动始终在不断地出现。[1]

1　[美]马歇尔·伯曼：《一切坚固的东西都烟消云散了：现代性体验》，徐大建、张辑译，北京：商务印书馆，2003年，第10—11页。

24

　　李嘉图（David Ricardo）的"比较优势"理论曾经认为，每个国家都应根据"两利取其重，两弊取其轻"的原则，集中生产并出口自己具有"比较优势"的产品，且又进口自己具有"比较劣势"的产品。由此一来，在高度专业化的世界分工中，经济的资源就能自发地得到最佳的配置，而人类福祉也会从总体上增进——

　　如果由于更好地安排劳动，由于使各国都生产与其位置、气候和其他自然或人为的便利条件相适应的商品，并以之与其他国家的商品相交换，因而使我们的享受得到增进，这对人类的幸福来说，其意义就和我们的享受由于利润率的提高而得到增进是完全一样的。[1]

1　[英]大卫·李嘉图：《政治经济学及赋税原理》，见《李嘉图著作和通信集》第一卷，北京：商务印书馆，1981年，第111页。

这种抽象而光洁的经济规则，曾经寄托了多少代人的指望或理想。我们也不难想象，正是在这种"过于抽象"也"过于理想"的经济图景中，人们曾经"过于乐观"又"过于单向"地认为，就凭中美两国数一数二的经济体量和中美之间无与伦比的贸易规模，便会使双方对于经济的考量成为两国关系最后的"压舱石"。——然而可惜的是，这种以为只靠经济因素就万事大吉的幻想，到了特朗普上台以后已经彻底落空了。而且相当反讽的是，如果人们曾经"过于天真"、"一厢情愿"地认为，只要有了经济活动上的合作与互补，准能有助于弥合政治上的分歧与争吵，那么，严峻的现实其实刚好相反，也就是说，恰恰是经济上的全球性连接，最容易导致政治上的争吵与分歧，而恰恰是政治上的争吵与分歧，反而最容易加速经济上的脱钩与断链。

如此残酷的、出乎意料的事实，迫使我们不得不转而从理论上去回顾波兰尼（Karl Polanyi）有关"嵌入"（embedded）和"脱嵌"（disembedded）的说法，——而在他本人的论述中，这种说法当然也就是"大转型"的"之前"和"之后"：

当然，如果没有某种类型的经济，任何社会都不可能在任何时间段存活；但在我们的时代之前，没有任何哪怕只是在原则上由市场控制的经济曾经存在过。尽管 19 世纪学术咒语的大合唱是如此坚定一致，但通过交换来获取利益和利润这样一种动机，在此之前确实从未在人类经济中扮演过重要角色。尽管市场这种制度自从新石器时代之后就相当常见，但它从来没有扮演过超出经济生活的附带现象的角色。[1]

不待言，从波兰尼的这种判断出发，那种完全想要"脱嵌"的经济活动，一旦抹上了他那一层悲观的色彩，就注定要给它原本"嵌入"的社会带来撕裂性的或破坏性的后果：

这种自我调节的市场的理念，是彻头彻尾的乌托邦。除非消灭社会中的人和自然物质，否则这样一种制度就不能存在于任何时期；它会摧毁人类并将其环境变

---

1 ［英］卡尔·波兰尼：《大转型：我们时代的政治与经济起源》，冯刚、刘阳译，杭州：浙江人民出版社，2007 年，第 45 页。

成一片荒野。而不可避免地，社会将采取措施保护它自己，但是无论采取什么措施，都会损害到市场的自我调节，打乱工业生活，从而以另一种方式危害社会。正是这一两难境地，迫使市场体系的发展进入一个特定的瓶颈，并且最终使得以它为基础的社会组织陷入混乱。[1]

既然一方面是要从社会中"脱嵌"的、单凭经济规律来自我调节的市场，而另一方面则是要维护"嵌入"状态因而被迫要自我保卫的社会，那么在波兰尼的独特运思之下，这也便构成了他所发明的"双重运动"概念：

> 由此，19世纪的社会历史就成为一个双重运动的结果：市场组织在真实商品方面的扩张伴随着它在虚拟商品方面受到的限制。一方面，市场扩展至全球各地，牵涉其中的物品数量增加至让人难以置信的程度；另一方面，各种措施和政策所织成的网络与各种强有力的制度

1 同前引，第3—4页。

配合，目的是抑制与劳动力、土地和货币相关的市场行为。显然，世界商品市场、世界资本市场以及世界货币市场在金本位制的庇护下为市场机制提供了空前绝后的动力；但是，一个深层次的运动已然形成，它致力于抵挡市场控制下的经济所产生的邪恶影响。在自发调节的市场体系所固有的威胁面前，社会奋起保护自己——这就是这个时代历史的综合性特征。[1]

进一步说，虽则波兰尼当年发笔剖析的，还只是 19 世纪的经济与社会，而如今的情势似乎已迥然不同，至少以往对于"金本位"的那种执迷，早就被尼克松政府给彻底地抛弃了；然而，我们在前不久却读到，他在《大转型》（*The Great Transformation*, 1944）中提出的这种思路，又被比较政治学家拉比诺维茨（B. S. Rabinowitz）带到当代语境中有效地激活了，虽则也要再佐以熊彼特（Joseph A. Schumpeter）的"创新理论"。——具体而言，这位年轻的美国政治学家，是

---

1 ［英］卡尔·波兰尼：《大转型：我们时代的政治与经济起源》，第 66 页。

要基于波兰尼的"双重运动"概念，来解释为什么走到了这样的分裂状态；也就是说，到底是出于什么样的原因，在一个技术最为先进的社会中，反而又由疯狂的阴谋论和激烈的反智主义，导致了如此深刻的政治分歧和如此分裂的社会状态。

拉比诺维茨此书的正标题，是所谓"防御性的民族主义"。他为此而提出了相应的概念区分，即既有创造性民族主义，也有巩固性民族主义，更有防御性民族主义，而他这本书的中心论点则是，20世纪的和21世纪的"大转型"，全都属于那个后者，即防御性民族主义的"时代"：

> 防御性民族主义在这里被定义为一种民族民粹主义，它将反自由主义、反全球化与经济民族主义相结合，而同时存在着右翼和左翼的表达。当许多民族国家同时受到全球经济和人口变化的攻击时，一个防御性民族主义的时代爆发了。[1]

1　B. S. Rabinowitz, *Defensive Nationalism: Explaining the Rise of Populism and Fascism in the 21st Century*, Oxford: Oxford University Press, 2023, p. 4.

顺理成章的是，也正是这种"防御性"的，或者用伯林的话来说是"压弯后反弹"的民族主义，支持拉比诺维茨又激活了波兰尼的"双重运动"概念：

　　　　民族国家的重新发现既是国家的过程，也是公民社会的运动。正如波兰尼所观察到的那样，"双重运动"的第一个表现就是保护主义政策。在两个时期内，保护主义政策都是在国际一体化和新的全球经济开始出现之际出现的。实际上，它们是同时出现的。[1]

　　拉比诺维茨这本书的副标题，则是"解释民粹主义和法西斯主义在 21 世纪的兴起"。——我们顺着他的逻辑不难领悟到，他肯定要沿着波兰尼当年的思路，把这类"民族民粹主义"的兴起归咎于由"脱嵌"给社会带来的伤害。

　　　　对于波兰尼来说，20 世纪转折点的致命缺陷在于，

1　B. S. Rabinowitz, *Defensive Nationalism: Explaining the Rise of Populism and Fascism in the 21st Century*, pp. 153–154.

人们对于进步和自由贸易的信仰，令人们"忽视了政府在经济生活中的角色"。所失去的是对于政府经由"改变变化速度、加快或减缓变化速度"来保护社会的理解。没有了政府作为缓冲，工业和金融便可以不受限制地运作了。人类劳动被当成了庞大工厂机器的饲料。环境被当作了工业的唯一源泉和垃圾场。甚至商业和贸易的福祉也受到了全球金融的威胁。波兰尼描绘出一旦社会坚持这样的做法并且完全被市场吞噬后的黯淡图景：

> 在文化机构失去了保护的情况下，人类将因社会的暴露而灭亡；他们会因为罪恶、变态、犯罪和饥饿而死于严重的社会动荡。自然将会被还原为基本元素，社区和景观将会被玷污，河流将会被污染，军事安全将会受到威胁，生产食物和原材料的能力将会被摧毁。最后，购买力的市场管理将会定期地清算企业，因为金钱的短缺和过剩对于商业的影响，将会跟原始社会中的洪水和干旱一样具有灾难性。

这种状况无法再持续下去。社会开始反击了。在没有预先安排的情况下，"来自不同经济阶层的人们在无意识中联合起来，共同应对这一危险"。一系列自发的抵抗运动应运而生，旨在保护世界免受市场力量的侵害：环保运动、劳工运动，甚至还有企业的游说以寻求贸易保护。在欧洲各地，人们设立了各种防止市场侵害的措施，包括"工厂法、社会保险、市政贸易、卫生服务、公共设施、关税、补贴、卡特尔和信托、移民禁令、资本流动禁令、进口禁令"。[1]

然而，更加令人悲观的是，根据波兰尼本人的辩证思维，也是依照拉比诺维茨的黯淡分析，实则这些用来因应危机的药方，如果不是对社会更加有害的话，至少也是对其机体自身同样有害的：

　　这种自上而下推动的经济自由化与自下而上的社会

1　B. S. Rabinowitz, *Defensive Nationalism: Explaining the Rise of Populism and Fascism in the 21st Century*, pp. 48–49.

保护主义压力相结合的双重运动，波兰尼称之为"双重运动"。他将"双重运动"描述为"面对变革的社会的防御性行为；这是对攻击社会结构的失调的一种反应"。而不幸的是，治疗措施和疾病一样糟糕。社会像钟摆一样向另一个极端摆动：发达国家被共产主义和法西斯主义所吞噬。对于波兰尼来说，这些极端意识形态必须与自由主义的过度行为联系起来理解；它们都是"由一个因素决定，即市场的状况"。结果，"法西斯主义、社会主义和新政的新兴政权"，尽管在几乎所有方面都有所不同，却"只有在放弃自由放任原则方面是相似的"。"法西斯主义和社会主义一样，都植根于一个拒绝发挥作用的市场社会"。基于这些原因，波兰尼认为："市场社会诞生于英国，然而在大陆上，它的弱点却引发了最为悲惨的复杂后果。"[1]

正因为这样，这本书也就言之成理地向我们描述了，为什么在被经济全球化所推动的世界一体化中，反而在社会层

---

1 B. S. Rabinowitz, *Defensive Nationalism: Explaining the Rise of Populism and Fascism in the 21st Century*, p. 48.

面上重新催生了民族主义，——甚至于我们不妨说，是在地缘政治上复活了封建主义的割据：

　　我认为，如果"双重运动"是重新发现国家在为社会提供制度保障方面所起的关键作用的话，那么"双重运动"的核心最终就是重新发现民族国家的作用，进而则是对民族主义的重新发现。因为在现代世界中，民族国家占据着主导的地位。自19世纪以来，帝国被推翻，国王的主权被转移到"人民"手中，国家就被等同于它们所代表的人口（"民族"）。如今，民族国家几乎是唯一被国际社会认可的政治组织。即使是王国和极权政权也以声称代表它们国家的人民来为其统治辩护。简而言之，我们生活在一个民族国家的体系中。因此，民族国家已经成为唯一能够保护社会免受全球力量和市场过度干预的实体。因此，我提议将波兰尼的"双重运动"的后半部分当作民族主义的崛起来研究，而我将其定义为防御性民族主义的时代。[1]

1　B. S. Rabinowitz, *Defensive Nationalism: Explaining the Rise of Populism and Fascism in the 21st Century*, p. 56.

25

接下来，我们要换到一个特别的角度考察"认同与主义"之间的关系。——只有认识到了这层关系，方可恍然大悟地领会到，一个人只有先"认同"到了哪一步，才会相应地再上升到哪一种"主义"。

专攻中国近代史的日本学者中村哲夫，曾这样对比梁启超所达到的境界，以及他本国人民所普遍拘泥的意识：

> 梁启超像这样通过文化相对主义来解体固执传统的旧习。只有在其终极处，他内心的"中国的近代"才能确实地鼎立起来，并且准备了迎接通向这个地平线，即大同世界这一全球性共生思想的容器。所以，在梁启超的内心，与日本的近代之超克论者完全不同的、为恢复人的全体性的人文精神，换而言之，与后现代主义共鸣的回路，已经原初地、微少地，并且是根源性地开拓出来了。在《欧游心影录》"世界主义的国家"一节中，他是这样

说的：

> 我们的爱国，一面不能知有国家，不知有个人。
> 一面不能知有国家，不知有世界。我们是要托庇在这
> 国家底下，将国内各个人的天赋能力，尽量发挥，向
> 世界人类全体文明大大的有所贡献。将来各国的趋
> 势，都是如此。我们提倡这主义的作用，也是为此。

然而，在我们日本人中，很难看到梁启超同时代，或
者即使是现在，像梁启超那样，以王道心性的人文精神
为基石，为通向大同共生的深谋远虑。远方，对日本人
来说，依然很遥远。[1]

而另一方面，正是受到了狭隘日本意识的挤压，原本在
情感上相当亲日的周作人，又回缩到前述那种"防御性民族

1　[日]中村哲夫：《梁启超与"近代之超克"论》，载[日]狭间直树编：《梁启超·
　明治维新·西方》，陈玮芬译，北京：社会科学文献出版社，2012年，第365—
　366页。

主义"：

  我的思想到今年又回到民族主义上来了。我当初和钱玄同先生一样，最早是尊王攘夷的思想，在拳民起义的那时听说乡间的一个"洋口子"被"破脚骨"大落铜盘帽，甚为快意，写入日记。后来读了《新民丛报》《民报》《革命军》《新广东》之类，一变而为排满（以及复古），坚持民族主义计有十年之久，到了民国元年这才软化。五四时代我正梦想着世界主义，讲过许多迂远的话，去年春间收小范围，修改为亚洲主义，及清室废号迁宫以后，遗老遗小以及日英帝国的浪人兴风作浪，诡计阴谋至今未已，我于是又悟出自己之迂腐，觉得民国根基还未稳固，现代须得实事求是，从民族主义做起才好。我不相信因为是国家所以当爱，如那些宗教的爱国家所提倡，但为个人的生存起见主张民族主义是正当，而且与更"高尚"的别的主义也不相冲突。[1]

1 周作人："元旦试笔"，见《雨天的书》，北京：新潮社，1925年，第190—191页。

上述两段思想史材料突出地说明了，人们的"认同"本有着两种相反的倾向，一种是昂首向上和举目向外，以不断地提升和扩充自己的境界，另一种则是俯首向下和低眉向内，不断地回撤或收缩自己的心志。——可想而知，也正因为这样，才有了劝导提升境界的儒家教诲：

> 古之欲明明德于天下者，先治其国。欲治其国者，先齐其家。欲齐其家者，先修其身。欲修其身者，先正其心。欲正其心者，先诚其意。欲诚其意者，先致其知。致知在格物。物格而后知至，知至而后意诚，意诚而后心正，心正而后身修，身修而后家齐，家齐而后国治，国治而后天下平。(《礼记·大学》)

再接下来，才有了我对于这段经典的现代诠释：

> 在我看来，"八条目"之说的精义便在于，它不光是首尾相顾地指示了修身的目标，还又通过把人格境界的高度与个人认同的广度依次相连，而脚踏实地地规定了

人格成长的确定意涵，以及推动这种成长的来自主体之间的道义力量。如果说，近代那种把全体同胞都视作黑暗势力的个人主义或唯我主义理念，其本身就是一种执迷的幻觉，那么，儒学所传播的却是另一种暗示：在这里，心理空间和社会空间、内部世界和外部世界、为己之学和利他主义均已合而为一；从而，越是敞开心胸去拥抱更加广阔的天地，越是跟此身所属的社群息息相通，自我的主体性反而会越发强韧，个体的生命境界也就会呈现出一种同步的增长。[1]

无论如何，原本凡在历史上存在过的社会单位，无论在相形之下会显出怎样的狭隘，也总具有它们相对的"合理性"。因此，如果我们沿着"八条目"的指向，从一己之个人而层层地向外扩展，就会如涟漪扩散般地推广开来，而依次得到诸如家庭、家族、社群、族裔、社会、民族、国家、国际、世界、天下、星球、星系、宇宙等一系列概念。而进一

1 刘东：《个人认同与人格境界：从跨文化的立场诵读"八条目"》，见《道术与天下》，北京：北京大学出版社，2011年，第148页。

步说，一旦对于这些大小不等的单位，了解到其各自的相对"合理性"，从而在身份上形成了相应的"认同"，它们也都有可能被拿来命名"主义"。正因为这样，在近代西方的突变历史中，才会随着个人开始从原有社群中"脱嵌"，或者说，原本复合的古代社会被迫开始"断链"——由此便相应地形成了"个人主义"——由此一来，所有其他社会单位的"合理性"也都先后孤单地凸显了出来，从而分别地梯次形成了家庭主义、家族主义、族群主义、民族主义、社群主义、社会主义、国家主义、洲际主义、国际主义、世界主义、天下主义、星球主义……一句话，所有原应从个人之"圆心"层层外推却绝不应当被单独拎出的"同心圆"，也都被迫上升到了各自的理论形态，或者说是被夸张或吹胀成了某种"主义"，以伸张自己原本就有的"合理性"。

一旦全世界都沿着波兰尼所讲的"双重运动"，而共同走向拉比诺维茨所讲的"防御性民族主义"，那也就意味着全体人类的身份"认同"，届时也都龟缩到一个较小的"同心圆"中，而这样一个较小的社会单位，又正是将其分别囿闭起来的"民族－国家"。由此也就导致，大部分人的理性思考能力，也不得不全都随之大大地受限了，而仅仅表现为"有限的理性存在"；这是因为，他们已基本沦为"民族国家"的"囚徒"，差不多全都深陷在这种无力自拔的"困境"中。——如果再来重温卡洪的那篇文章的话，我们就既需要同情地理解他所强调的反对太早走向"后民族"的理由，却也同样不可以忘记，人们迄今还被关在这种"囚徒困境"中。

26

根据媒体报道，在 2017 年的达沃斯论坛的特别对话环节，针对《纽约时报》专栏作家安德鲁·罗斯·索尔金（Andrew Ross Sorkin）的提问，中国的企业家马云曾经给出了这样一番聪明的回答：

　　首先，30 年前当我刚刚大学毕业时，我们听说的是美国的美好战略，将制造就业外包给墨西哥、中国，把服务业外包给印度。有本书叫作《世界是平的》，作者是托马斯·弗里德曼。我觉得这是完美战略，美国说只想控制知识产权、科技、品牌，而将较低层次的工作交给世界其他地方，这是伟大的战略。

其次，美国的国际公司通过全球化赚了数以百万计的美元，美国一百强企业令人惊叹。我刚刚大学毕业时，想买摩托罗拉的 BP 机，售价是 250 美元，我的工资只有每月 10 美元，而制造 BP 机的成本仅仅 8 美元。过去 30 年，微软、思科、IBM 这些公司赚的钱数以千万美元计，比中国四大行赚的钱加起来都多，比中国移动、中国联通等等加起来都多，他们的市值在过去 30 年增长了超过 100%。那么赚来的钱都去哪了呢？[1]

尽管并不能真正说服西方的听众，可这种机巧的回答也总算言之成理。不过，我们既然已经有了前文的铺垫，便应能想到，这里所讲的"美好的战略""伟大的战略"，都是预

---

1 "搜狐网"，2017 年 1 月 21 日。

设了背靠着李嘉图所讲的那种"学理"，也即让每个国家都专攻自己的"比较优势"。不过，由此产生的困扰又在于，在彼此连接、互通有无的国际市场上，无论哪个国家建立了这样的"比较优势"，都势必要超出其自身的消费需求，而绝不是单纯用来"自给自足"的，否则也就无法额外提供用于出口的产品了。——如果以当下更为时髦的"嘴炮"来形容，这不正是美国财长耶伦抱怨中国的"产能过剩"吗？

说穿了，这样的强词夺理如果都能够成立，可想而知，只要还存在着商品经济的生产，只要还存在着市场交换的规则，那么所有被当作商品来生产的产品，就统统可以被定义为"产能过剩"了。——如果按照这样的逻辑，就连农夫、铁匠、屠夫、箍桶匠、磨坊主这样的传统分工，同样会属于做得大大"过剩"了，以致根本消费不完自己的产品。同样的，按照这样的逻辑，也不光是中国新兴的光伏板、储能电池和电动车，所有其他国家的传统优势项目，包括法国的葡萄酒、澳大利亚的铁矿石、美国的玉米和小麦、德国的精密机床、日本的精品家电、瑞士的手表，甚至丹麦的奶酪、古巴的雪茄……也都既可以被归纳为李嘉图意义上的"比较优势"，又可以被归纳为美国财长意义上的所谓的"产能过剩"。

当然了，在这类强词夺理的背后，我们又不难估摸到它的真实理由。只是这种潜藏的、一般说不出口的理由，到了全球经济一体化的时代，其实并不存在于商品生产的市场之内，而是存在于"民族－国家"的疆域之中。也就是说，正是"民族－国家"的基本生存要求，迫使它不得不在经济上打造防波堤，以免自家占有的市场份额逐渐损失殆尽，而坐视本国的制造业被潮水般的外来商品洪流卷到无力回应、无法喘息的灭顶之灾中。——在这个意义上，美国财长的那种单从经济学的学理来看，好像无论如何都讲不过去的"歪理"，一旦再参考波兰尼的"双重运动"概念，也就获得了另一种相对充足的理由，甚至也可以说是符合另一种"学理"了。

既然要依靠"民族－国家"来抵抗经济一体化，那么由WTO制订的那一系列规定，如果还不是纯属于一纸空文，也已基本变得可有可无了。在这个意义上，既然只是以"列国"作为基本的单位，那么，单纯从经济规律来判定的"是与非"，就要让位于从政治规律来判定的"对与错"了。而再说到底，只要是从人类社会的更大"同心圆"来看，"民族－国家"这个相对较小的"同心圆"就无论如何都免除不了它的狭隘性与偏执性，有的时候甚至简直就是赤裸裸的伪善或自私。而由此一来，这种在狭隘与偏执之间的"一报还一报"，也就使人想起孟子当年所讲的"春秋无义战"，——尽管我们眼下正在谈论的，还只是表现为另一种形式的"商战"。

也只有基于这样的认识，我们才能透过那种编造的理由，真正看懂来自美国的那一通"乱拳"。说起来，不免让人左右为难的是，你如果还在跟它讲"闭关锁国"，那么毫无疑问，它肯定会跟你大讲"自由贸易"，哪怕是借着"船坚炮利"来强行扣关；但是，等你一旦真心接过"自由贸易"，那么弄得不好，它又会转而跟你讲"美国优先"，哪怕公然、悍然地"吃相难看"，无论是像特朗普建立"关税壁垒"，还是像拜登打造"小院高墙"。——凡此种种的出尔反尔、歪搅胡缠，令人想起流传于民间的一个段子："有些人就是这样，你跟他讲道理，他跟你讲感情；你跟他讲感情，他跟你讲人性；你跟他讲人性，他跟你讲现实；你跟他讲现实，他跟你要蛮力；你跟他要蛮力，他又跟你讲道理。"

当然回想起来，中华民族也并不是头一遭如此惨痛地领教到"公理与强权"之间的吊诡了，——正如我在以往的著作中指出过的（参见本书第 50 页）。

27

由此说来，那个看起来正要接壤到一起的世界，又突然因为某种"作用力与反作用力"，而被急剧地剖分为两个不同的"半球"了。居然只需要一眨眼的工夫，两边就都开始批评对方不该如此防护自身了，也都开始更注重对自身的防护，这也就使得原本正在"全球化"的世界，突然在总体上发生了令人悲观的逆转和顿挫。

对着如此令人错愕、沮丧的变化，美国大西洋理事会（Atlantic Council）的高级研究员伊丽莎白·布劳（Elisabeth Braw），就在今年年初出版了《再见吧，全球化：分裂世界的回归》（*Goodbye Globalization: The Return of a Divided World*）一书，她以一种有点惋惜而又不无灰暗的笔调，既追述了这

一波全球化进程的起承转合、潮起潮落，同时也不嫌过早地
为其"无可奈何花落去"唱起了挽歌。——正如这本书的"内
容提要"所介绍的：

　　在这部开创性的著作中，伊丽莎白·布劳探讨了全球
化的崩溃以及它将给西方带来的深刻挑战。布劳通过与
来自世界各地的知名高管和政策制定者进行的访谈，提
出了所有企业和经济体都将面临的棘手问题，并追溯了
全球化的复杂历程，从 90 年代的繁荣时期到如今的艰难
时刻。[1]

作为一种映衬的背景，这位作者在这本书的开头首先回
顾了这场全球化达到高潮时的情景，还特别把 2008 年北京
奥运会提出的口号看作浸透了世界主义精神的标志：

　　在 20 世纪 80 年代末和 90 年代初，那些完善了市场

1　参考 Elisabeth Braw, *Goodbye Globalization: The Return of a Divided World*, New
　Haven: Yale University Press, 2024，引自亚马逊网站的相关条目。

经济的西方国家开始向全世界开放的国家出口这些市场经济。这是一个令人兴奋的时期，为公司提供了无限的机会，为消费者提供了更便宜的产品，并改善了国家之间的关系。西方政策制定者甚至希望西方式的自由市场能够将西方式的自由民主带到现在拥抱资本主义的许多国家。这一结合了希望与商业的革命几乎触及了社会的每一个角落：普通公民能够以更低的价格购买消费产品，而工人发现自己成了全球供应链的一部分，或者不得不寻找新的工作，因为他们的雇主已将业务转移到了海外。整整一代人在长大以后，除了这个全球化的世界之外，对于其他世界都一无所知。2008 年在北京举行的欢乐的奥运会，在"同一个世界，同一个梦想"的口号下举行，完美地象征了这种和谐的全球事务状态。国家之间似乎能够和平共处，如果有任何敌意的话，那就是针对着那些引发了当时正席卷全球的金融危机的银行家们。[1]

1　Elisabeth Braw, *Goodbye Globalization: The Return of a Divided World*, p. 13.

可惜正是在这种背景下，伊丽莎白·布劳紧接着又写到，居然只是到了十五年之后，这种"同一个世界，同一个梦想"，就已经被地缘政治强行地撕成两半了：

然而，到了 2023 年，俄罗斯正在乌克兰打仗，美国和中国在争论它们共存的本质，有的人还在担心会爆发中美战争。两个新的集团正在出现，但与冷战时期的两个集团不同，它们更多的是基于商业忠诚而非军事联盟。与此同时，许多西方公司正迅速地试图至少部分地从新的前线撤出。即使在本世纪之初，决策者们也仍然抱有希望，认为全球化在经历了新冠肺炎疫情的重创后，仍然可以恢复过来。然而事态却变得越发糟糕了。[1]

针对这样的描述，一位英国读者对此书发出了跟帖，认为：

1　同前。

结论很清楚：我们所熟知的全球化已经终结了。西方国家对乌克兰入侵的迅速反应，对于全球化造成了致命打击：如果地缘政治可以在瞬间就颠覆商业计算，那么风险计算也将随之改变，企业就会开始投资于更为安全的市场。[1]

既然是在美国的智库中工作，且身为负责安全与防务的顾问，布劳认为这种令人惋惜的局面仍然属于一种必须付出的代价，她还借着一位受访者之口，专门举出了中国的例子：

如果国家间的共存仅仅是一个经济问题，卡萨·萨莫拉（Casas Zamora）表示，欧洲就应该"永远从俄罗斯购买天然气，因为这是比较优势所决定的"。可事实证明情况比想象的要复杂得多。现在，安全问题已经超越了自由贸易的经济逻辑所产生的任何指令。他补充说，这种

1　David, Must-read on how globalisation happened and where it goes next, https://www.amazon.com/Goodbye-Globalisation-Return-Divided-World/dp/0300272278.

情况不仅存在于中国大陆制造的高科技产品中，也存在于台湾地区电脑芯片等产品的关键组件中。自由贸易会要求我们继续从台湾地区的供应商那里购买芯片，因为这些厂商在生产计算机芯片方面非常高效。然而事实却证明，有一天台湾可能会和大陆统一，而整个全球经济则可能陷入停滞。这就意味着，可能有必要尝试在其他地方生产计算机的芯片。[1]

尽管如此，即使已不怕过早地向"全球化"喊出"再见吧"，布劳本人仍然不是一门心思地认定，这个世界从此就"老死不相往来"了。——正如刚才援引过的那位英国读者，在他的评论中接着写道：

通常情况下，全球化达到顶峰时并未完全实现（保护主义从未消失），因此，去全球化也并非如此。新的冷战不可能像上一次那样：当中国持有如此多的美国国债时，

1　Elisabeth Braw, *Goodbye Globalization: The Return of a Divided World*, p. 264.

美国和中国无法完全脱钩。

因而——

不可避免地，我们无法用同样清晰或全面的愿景来
描述我们已经达到的地步以及下一步将去向何方。当然，
中期目标比长远目标更容易预测。布劳的愿景是部分地
去全球化（"区域化"），这在某些方面难以适应，但也为
那些在全球化中失去优势的社区和环境带来了好处。她
认为，这种区域化最终可能成为新一代全球化模式的一
步，这一模式将受到Z世代的启发。[1]

在这样的意义上，尽管布劳确实喊出了"再见吧，全球化"，
然而等我们读完这本书会发现，她实际上只是在说"再见吧，全
球化1.0"，这又自然地意味着，她同时憧憬着更高水准的"全球

1　David, Must-read on how globalisation happened and where it goes next,
　　https://www.amazon.com/Goodbye-Globalization-Return-Divided-World/
　　dp/0300272278.

化 2.0"。——正因为这样，她书中的另一位受访者畅想道：

在这种分裂的世界中度过了几十年后，各国可能准备好再次尝试全球化——这一次要更加谨慎，并且解决他们在 90 年代未能考虑的问题，比如气候变化。"这将是 2.0 版的全球化，"特雷肖预测道，"与此同时，我们需要纠正这一轮中出现的所有问题。这将需要时间和金钱，并非所有公司都能存活下来。我们将看到很多的合并。但我们也需要在乌克兰等地建立许多新的基础设施。我们必须寄希望于美国、俄罗斯、中国和欧洲都有明智的领导人，同时他们能够认识到我们不能继续这样下去。"这一由 Z 世代引领的新一波全球化最终必将更加成功。然而这样的和谐还需要数年时间。不过在 2023 年，区域化似乎是一个有吸引力的方案。[1]

可以预期的是，一旦到了全书的结尾部分，布劳同样表

1　Elisabeth Braw, *Goodbye Globalization: The Return of a Divided World*, pp. 278-279.

明了自己的态度，——那就是在再次看到了"合久必分"的情况下，至少要抱有对于"分久必合"的希望：

　　如果这个世界分裂的局面有任何可取之处的话，那就是它分裂得如此彻底，以至于毫无疑问地需要进行重新塑造。这一重新塑造必然包括强有力的跨境贸易，然而新版本必须考虑到冷战后的全球化曾经忽视的所有问题：公民的观点、失业问题、一些贸易伙伴之间不可避免的地缘政治摩擦、对于公平竞争的需要，当然还有气候变化。全球化 2.0 必然会更好。[1]

28

　　应当公平地说，并不是只有当今的西方，正想要开"全

1　Elisabeth Braw, *Goodbye Globalization: The Return of a Divided World*, p. 282.

球化"的倒车，要是观察得更全面些，其实那些非西方的国家，也包括中国，即使在真诚地拥抱全球化的同时，还是程度不同地对于这种进程进行了保留、抵制，甚至抗拒，至少也是相应地提高了警觉。

还记得，最为乐观的托马斯·弗里德曼，曾经基于各种技术上的进步，描述过由"全球化"所带来的"扁平化"：

> 我在开始就假设，除了某些地缘政治的冲突外，世界将变得越来越平坦，黎明将和黄昏衔接。在这样一个平坦的世界里，政府和政治家的工作将比以往更加重要。其职责是迎接全球化并通过一系列的政策建立一个更公正、更富同情心、更平等的社会，我们既不是要强化原有的福利国家，也不是要废弃它，仅由市场来决定我们需要重塑它，进而赋予每个美国人前景、教育、技能和安全网，这些都是他们在平坦的世界里和其他人竞争所需要的。[1]

1　[美]托马斯·弗里德曼：《世界是平的：21世纪简史》，何帆等译，长沙：湖南科学技术出版社，2006年，第291—292页。

有意思的是，如果那位充满了忧虑的布劳，只是到最后才敢谨慎地想象"全球化 2.0"，那么，这位满是乐观的弗里德曼，则早在 20 世纪末就描述过"全球化 3.0"了：

当然，它们还是发展了，在我睡着的时候，与其他东西一起发展了。而这正是我在这本书中想要讨论的问题：2000 年左右我们进入了一个新的纪元——全球化 3.0。全球化 3.0 使得这个世界进一步缩小到了微型，同时平坦化了我们的竞争场地。如果说全球化 1.0 版本的主要动力是国家，全球化 2.0 的主要动力是公司，那么全球化 3.0 的独特动力就是个人在全球范围内的合作与竞争，而这赋予了它与众不同的新特征。我们把这种使个人和小团体在全球范围内亲密无间合作的现象称为平坦的世界，而这正是我在书中所要详细论述的主题。[1]

这种充满乐观情绪的大胆预言，真正到了它发表 25 年之

1 同前引，第 9 页。

后，就暴露为只属于一厢情愿了。无论如何，我们这颗小小星球的布满了褶皱的地表，并没有被技术和商品的推土机给夷平，相反倒因为各个板块的挤压而变得更加错落、坑凹和震动了。——这不免使我回想起，还是更强调"地方文化"的罗兰·罗伯逊，能够在这方面看得更平衡些：

当然，关于全球联系的总体计算是高度概括的，绝不意味着地球上的每一个地方、每一个人都平等地全球化了。相反，不同地方全球化的程度是不同的，尽管全球化现象现已在某种程度上影响到每一个地方和每一个人。比如，地球上几乎没有人能够完全逃避全球气候变化的影响。然而，全球事务对一些地理区域和一些社会群体的影响总要大于对另一些区域和群体的影响……简言之，虽然全球联系遍及整个世界，但其覆盖在地理上和社会上却不均衡。[1]

---

1 ［英］罗兰·罗伯逊、扬·阿特·肖尔特：《全球化百科全书》，南京：译林出版社，2011年，第2页。

事实上，正是出自对于"地方文化"的保护意愿，而且这样的意愿还是本着对其价值理念的"同情理解"，我才会在十年前讨论"中国文化与全球化"的问题。——在我看来，如果想在"两难"的困局中杀出一条血路，那么，我们在一方面必须"敢为天下先"，大胆抓住全球化带来的难得机遇，而在另一方面，则又需要"如临深渊，如履薄冰"地警惕那些与机会同来的风险：

正如前文反复讲述过的，在近现代中国人的切身感受中，这个由"两希文明"接壤和杂凑而成的"西方文化"，一方面表现为最先进的科学，另一方面却表现为最落后的迷信；一方面表现为最清醒的理性，另一方面却表现为最狂热的说教；一方面带来了最人性的民主理论，另一方面却带来了最狡诈的政治权谋；一方面带来了最繁荣的市场经济，另一方面却带来了最飘摇的未来风险；一方面带来了最发达的物质生产，另一方面却带来了最异化的个人生活；一方面带来了最活跃的社会流动，另一方面却带来了最单调的休闲活动；一方面带来了最活跃的精神创造，另一方面却带来了最无聊的文化垃圾……面对如此复杂怪异的情况，只要自己的国家还没有彻底沦为殖民地，只要自己的文明还不乏起码的主动性，难道就不能进行"为我所需"的文化选择和文化利用吗？（《再造传统》，第195—196页）

而在写完《再造传统》之后不久，我又以"大空间"和"小空间"的提法，反思了这种文化操作中的方法论：

我们在一方面，可以用"大空间"来取代那个"一元"，从而既在传播学的相对意义上，认可某些相关要素的"普遍性"，却又避免了必然引起争议的"普世性"，以及由它所代表的文化霸权；因为在这样的意义上，它们无非是更靠近那个"一元"，却并不担保其本身就是那个"一元"。在另一方面，我们也可以用"小空间"来取代那个"多元"，从而又在人类学的经验层面上，守住另一些相关要素的"殊别性"；由此在这样的意义上，这种"多元"就既可以确保世界的丰富性，又不至于撕裂总体人类的基本共识。[1]

在我看来，只有这样"化被动为主动"，我们在"加入全球"的文化操作中才不至于进退失据、左支右绌，而是既能在对于"一中之多"的守护中，坚持中国悠久历史的自我延伸，又能在对于"多中之一"的参与中，以独特的价值关怀来丰富今后的"一体化"。

在无可回避的外来文化冲击下，我们只能是虽非全然被动地，却又心怀警觉地，既要加入，又要抵抗，既从本土中抽离，又朝向它再嵌入，既领受其裨益，又疏离其损害，既接受它的标准化，又启动传统的再发明，既拥抱着普世化，又向往着在地化，既在进行向心运动，又在发展离心趋势，既享受均质化的好处，又欣赏个性化的特色，既看到历史的断裂，又努力让文明延续，既在跨越有限的国界，又要回归文化的本根……宽广而全

---

1 刘东：《起伯林而问之：在自由与多元的轴线上》，见《引子与回旋》，第118—119页。

面地看，正是这种带有杂音的双向发展，才较为理想和
包容地构成了所谓"全球化"的全部特征。(《再造传统》，
第204页)

29

无可否认，这场正在席卷世界的"全球化"，不啻刮起了
一场全球性的旋风，就在风向不定的"东西南北风"中，还漫
天地吹来了数不清的"回旋镖"，让人们既感觉难以预知，也
感到无从躲避。

在它那谁都无法幸免的风势中，不光是当初发动"全球
化"的西方已大大地受到这种"回旋镖"的割伤，而且早已对
此心存芥蒂；就是把这种利器反弹回去的中国，也跟着又尝
到了"回旋镖"的回敬，甚至又被卷到整个旋风的中心。这也
就意味着，当前这种严重的"全球化受挫"，正反过来波及了
经济高速增长的中国，而它的肃杀之气一旦覆盖过来，就弄

得这边的增长不得不大为减缓，在某些特定领域更是一片惨淡，而社会矛盾也开始有了激化的迹象。——职是之故，在国步如此艰难的危急时刻，如果不能援笔来应对这种挑战，那不啻放弃了自己对于历史的责任。

在我看来，沿着前文中已摆明的道理，也因为已处在"东西南北风"的风口，我们最为关键的立身与处世之道，还是既要把握那个"一中之多"，也要把握那个"多中之一"，以期在同世界的协商、互动、磨合中，逐渐寻找到一个"动态平衡"的最佳中点：

　　长远来看，作为全球共同努力的目标，则需要在持续的文明对话中，经由艰苦而平等的商量与研讨，共同制定出多元一体的、全球化时代的人类通识，那通识必须建立在各民族的国学（包括西学）之上，而保证它们既相互重叠，又各有侧重，——而且，那相互重叠的核心部分，必须具有足够的确定性，以确保人类的和平共处；那各有侧重的部分，又必须具有足够的浓度，以确保每一种宝贵文化的原生态与生命力。（《再造传统》，第

313 页）

　　无论如何都应当清醒地意识到，这样的彼此协商是必须进行的，这样的良性互动是必然出现的，这样的艰难磨合也是必须达成的；如果完全跟这种进程背道而驰，而一味地到死胡同中去碰壁，则我们上升的国运又难免要下沉了。

　　同样不可否认的是，在刚刚过去的这一波"全球化"中，各国都曾打过自己的如意算盘，也都曾有过自己的误解错判。如果说，西方那边是单纯基于资本主义的逻辑，误以为市场风潮一旦卷到哪里，哪里就会在制度上自动地归化于西方，那么，我们这边则是出于"稳定压倒一切"的目的，反而除了经济和科技领域的开放之外，在其他层面大多只是简单加强了防波堤。——正是出于这个缘故，我们眼下对于西方的主要批评，就是集中指责它在经济上的倒退，竟然背弃了"自由贸易"的长期理想；而西方对于中国的主要批评，则又聚焦于它未能进行制度的更进，至少是远远滞后于经济的发展。

　　既是这样，在这个紧要的历史关口，就更应清醒而敏锐地意识到，为了力挽当前"全球化"的颓势，我们更应当知难而上地进一步加强自家的"改革"措施，进一步扩大自家的"开放"步伐。如果能"退一步海阔天空"地意识到，一方面，反正也到了"非改革不可"的时候，——另一方面，一旦坚持推进更深入的改革开放，那么不仅能理顺国内的经济与舆情，促使国民经济又开始转头向上，从而大大地增加人们的幸福感，使全体国民都更能专心搞建设；而且，再从整个国际环境来看，这样的因势利导、从善如流，也有助于树立更好的"国家形象"，而被公认为可以放心的合作伙伴，以扭转当前对于中国的过强敌意，以及建立在这种强烈敌意上的，对于中国发展的风声鹤唳、处处设防，从而有效地释缓这种由猜疑引起的不正常的发展阻力。

还应当特别提示的是，一方面，正如我在前文提及的，作为"树枝"被"压弯"后的反弹，民族主义在国内的回潮与上升，几乎是一种无可避免的趋势；可另一方面，又必须对这种思潮的泛滥，以及由此带来的后果，从一开始就有所预判和防范。尤其是，切不可基于简单的逆反心理，用"凡是敌人反对的，我们就要拥护"这样的口号，去抹杀原本尚且存在的各种选项，从而反倒把自家的心智给限制住了，也把头前的道路给就此封死了。的确，就像我们从 1919 年 5 月 4 日那天起，就已在那个历史的十字路口认识到的，西方社会就是有它的"两面"，有它的"双标"，有它的"伪善"，有它的"吃相难看"，有它的"不够理想"。可就算是这样，我们还是不能太过心急火燎地把"婴儿和洗澡水"一起倒掉；不管怎样，那些个林林总总的负面现象，也同样并不是西方世界的全部，就像我经常向大家介绍的——也包括在眼下的这次写作中——那边毕竟还存在对于这些弊端的反思和批判，从而也毕竟存在着又去纠正这类失误的可能：

　　倘能跳出本质主义的西方观，那原本不难发现，我们努力界定的这个思想对象，本身就是一个充满偶因的、前途未定的过程。正因其方生方成的性质，他们也面临着许多两难的痛切的抉择，也会干下某种留待追悔的蠢事；而且，就本文所关切的话题而论，讲他们也会失策甚至也会犯罪，绝非只是在不咸不淡的意义上，说一句"人非圣贤孰能无过"的俗话，而实在是因为在当今的世上，只要人类心智还在被"民族－国家"这种有限的社会形式所羁，那么不管他们处理内部事物时如何，对外都只能表现出自己是"有限的理性的存在"。[1]

说到底，我们所面对的复杂世界格局，从来就不曾如此抽象和简单过，也不容我们只以简单的头脑就以为自己这回"总算是看透"了，或者总算是"如梦方醒""大彻大悟"了。——想当年，正是那种过于幼稚的简单思维，曾经把中国带入一个陷阱，大大延误了接下来的崛起：

> 我们都跟西方打过好几代人的交道了，连圆明园都被烧毁一百多年了，他们要伪善也不伪善在这一刻，要卑劣也不卑劣在这一刻，犯不上每回都这般临渴掘井，对人家重下"非此即彼"的道德判断！[2]（另参见本书第48—49页）

---

1 刘东:《公理与强权——写在五四运动八十周年前夕》，见《理论与心智》，第155页。
2 同上。

既然这样，在当前这个新的十字路口上，我们就应极其清醒地意识到，所有的失误中最为有害的，就是又像在一百多年前那样，觉得自己这回才算是"看透"西方了。——设若如此，就会像遭到"宿命"诅咒一样，还是绕不开那个可怕的"陷阱"，或者说，要再回到那个"启蒙与救亡"的迷宫中：

　　　　所有这些，都表明救亡的局势、国家的利益、人民的饥饿痛苦，压倒了一切，压倒了知识者或知识群对自由、平等、民主、民权和各种美妙理想的追求和需要，压倒了对个体尊严、个人权利的注视和尊重。国家独立富强，人民吃饱穿暖，不再受外国侵略者的欺压侮辱，这个头号主旋律总是那样地刺激人心，萦绕人耳，使五四前后所谓"从宇宙观到人生观，从个人理想到人类的未来"这种种启蒙所特有的思索、困惑、烦恼，使所谓"从孔教问题、妇女问题一直到劳动问题、社会改造问题；从文字上的文学问题一直到人生观的改造问题，都在这一时期兴起，萦绕着新时代的中国社会思想"，都很快地被搁置在一旁，已经没有闲暇没有工夫来仔细思考、研究、讨论它们了。[1]

至关要紧的是，这种进一步的"改革开放"，就它最为深刻的本质来说，并不是在向任何人"让步"，而更是出于中国人长久的心愿。无论如何，即使只是为了中国本身的事业，为了它能保持住崛起的势头，为了它能长久自立于民族之林，为了它能完成历史复兴的大业，我们也不可自外于世界。恰恰相反，即使这种进一步的"改革开放"是为了应对某种危急的情势，可毕竟，那些更加宽大的姿态和更加从容的操作，又无非是为了让自己的国家进化到更文明也更平和、宜居的状态。——归根结底，建设一个既富足又强盛、既公平又正义、既自由又和谐、既美丽又精雅的现代国家，这是打从鸦片战争开始，就由多少代仁人志士接续渴望的。而且既令人兴奋又义不容辞的是，这样一个伟大的、足以千秋万代地造福后世的历史使命，也确实有可能就由我们这一代来真正

1　李泽厚：《中国现代思想史论》，北京：生活·读书·新知三联书店，2008 年，第 29—30 页。

完成！

30

　　反过来说，在当今这个风雨飘摇的世界上，最不可取也最不负责的态度就是，既然已经看到了分崩离析的苗头，便干脆由着性子让距离越拉越大。——为了更清楚地说明这一点，这里要转述一个最为极端的、相当可怕的例子，它一方面也许可以帮助我们醒悟，去追问究竟是不是到了"后全球"的时代，就好比在追问究竟是不是到了"世界末日"；而另一方面，其中的带有毁灭性念头也有助于我们领悟，其实对于"全球化"的紧急出手拯救，也正是在救助我们自己。

　　就在 2022 年，有一本上过《纽约时报》畅销图书榜的书，正是以"世界末日"而耸人听闻的，——它的标题是《世界末日只是个开始：绘制全球化崩溃的地图》（*The End of the World Is Just the Beginning: Mapping the Collapse of Globalization*）。甚至于，就连这本书的旨在吸引眼球的封面都被设计成一撕两半的纸页，它的作者彼得·泽汉（Peter Zeihan）还在该书扉页上开宗明义地引用了 T. S. 艾略特的《空心人》：

> 这就是世界结束的方式
>
> 并非一声巨响，而是一阵呜咽。

虽则作者在这本书的开头部分也约略提及过"全球化"的昔日辉煌，但实则只把它看成了"昙花一现"：

> 20 世纪 90 年代对于大多数人来说都是美好的十年。美国提供了强大的安全保障。没有严重的国际冲突。全球贸易深入渗透到苏联的空间以及那些尽力避免卷入冷战的国家。美国的监控和市场准入成本在不断增加，然而在和平与繁荣的环境中，这一切似乎都是可以管控的。德国实现了统一。欧洲实现了统一。亚洲的"老虎"们开始崛起。中国也开始崛起，而降低了消费品的价格。无论在非洲、拉丁美洲还是澳大利亚，资源生产商都赚取了大量的资金，帮助更多的地区实现了工业化。全球供

应链使得数字革命不仅成为可能，而且成了必然。美好的时光。我们都开始认为这是理所当然的。[1]

该作者又在书中另一处再次提及这样的"海市蜃楼"，但显然认定了它不过是历史的"例外"：

用大多数标准来衡量，尤其是在教育、财富和健康方面，全球化带来的好处是显而易见的，但它却不可能永远持续下去。被你和你的父母（在某些情况下还有祖父母）认为是正常、良好和正确的生活方式——也就是过去 70 年左右的时间——从战略和人口统计学的角度来看，对于人类状况来说却是一个历史性的异常现象。特别是 1980 年至 2015 年这一时期，仅仅是一个独特的、孤立的、幸福的时刻。这个时刻已经终结了。这个时刻在我们的有生之年都肯定不会再次出现。

1　Peter Zeihan, *The End of the World Is Just the Beginning: Mapping the Collapse of Globalization*, New York: Harper Business, 2022, p. 43.

更有甚者，他不光把那个美好时光看成"例外"，还要庆幸历史终于恢复了它的"常态"，所以他又另起一行追加评论道："而且，这甚至都不是坏消息。"[1]

由此可知，这位作者的倾向肯定是属于"鹰派"了，我们确实也可以从他的倾向中体会到那种拥戴特朗普上台的社会心理。只不过，这位"鹰派"却又表现得并不怎么"好战"——当然，如果不包括"关税战"和"贸易战"的话，其实特朗普本人也并不喜欢"打仗"——相反倒是基于极端门罗主义立场，主张在地缘政治上完全采取"守势"，要求自己的国家彻底放弃耀武扬威，不再派军舰到世界各地乱管"闲事"：

> 后冷战时代之所以成为可能，是因为美国对一种安全范式依然抱有持久的承诺，这种范式暂停了地缘政治的竞争，并为全球秩序提供了补贴。随着冷战时期的安全环境发生了变化，这种政策不再符合需要。我们所认为

1 Peter Zeihan, *The End of the World Is Just the Beginning: Mapping the Collapse of Globalization*, p. 67.

的"正常"实际是人类历史上最扭曲的时刻。这使它极其脆弱。[1]

由此我们又能联想到，其实特朗普在这方面也持有类似的立场，不愿向世界提供免费的安全保障，除非它的盟友都能向美国上缴"保护费"。

有意思的是，作者是以"一切都赖美国"这样的修辞来展开自己的基本论证的。在他看来，形成"全球化"的历史背景在于——

　　美国人到二战结束后在经济上依然强大，并且拥有唯一一支有实力的海军。西欧则相对虚弱且又深受打击，欧洲人感到资本主义在大萧条期间让他们失望，而他们的领导层在两次世界大战期间也让他们失望。美国同意帮助重建欧洲国家，条件是贸易不再局限于各自的帝国体系之内。相反，拦截竞争对手的船只成为绝对不可接

1　Peter Zeihan, *The End of the World Is Just the Beginning: Mapping the Collapse of Globalization*, p. 67.

受的行为。哦，还有一件事：将不再有任何帝国存在。[1]

而正是这一点导致了——

交换的条件确实是具有变革性的。美国人将确保地球上所有大陆上的所有国家都能自由地使用全球海洋。曾经高度争议的战略环境转变为一个单一的、全球性的、安全的、由柴油动力的钢铁巨兽提供动力和补给的可以正常运作的水道。在过去几个世纪中开发的技术终于可以在没有战争（更确切地说，是没有美国人的干涉）的阴影下发挥作用了。没有私掠行为。没有海盗行为。没有帝国的没收行为……虽然工业革命使从 A 地到 B 地运输产品变得更加便宜，然而，只有美国人在全球范围内建立的秩序才会使运输变得更加安全。[2]

---

1 Peter Zeihan, *The End of the World Is Just the Beginning: Mapping the Collapse of Globalization*, p. 117.
2 Peter Zeihan, *The End of the World Is Just the Beginning: Mapping the Collapse of Globalization*, pp. 117–118.

但也正因为这样，如果从这位作者的立场来看，"全球化"的风险已经越积攒越大了，而且它的命门就在于"长途运输"：

自从 1946 年以来，我们对于交通工具的期望发生了变化。更大的、更慢的、更专业的船只在某种程度上只是为该地区的任何海盗或海盗（无论是国家还是其他）所提供的美味的浮动自助餐。在统一的、低威胁的世界中，较大的船只也许能最大限度地提高效率，然而在分裂的、高威胁的环境中，它们也会将风险集中起来。[1]

基于这样的判断，作者也就转念突发奇想了，认为只须撤销其中的一个前提，即让世界不再享有美国的"免费保护"，那么，整个"全球化"的大厦就会即刻倾覆：

我们所熟悉的世界是极其脆弱的。而这正是它在设计

1　Peter Zeihan, *The End of the World Is Just the Beginning: Mapping the Collapse of Globalization*, p. 142.

中的状态。当今的经济格局并不依赖于美国，却极度地依赖于美国的战略和战术监控。如果没有美国人，那么长途航运将会从常态变为例外。如果没有人口结构崩溃所导致的大规模消费，那么整个大规模整合的经济论点也将会崩溃。无论如何，我们的"常态"即将结束，而且很快就会结束。[1]

再接下来，这位作者就想入非非了，认为在即将到来的"全球化"的废墟中，最不成问题的就是自己那块美洲大陆：

美洲地区基本没有问题。这在一定程度上是由于地理因素。两个美洲大陆拥有的粮食和能源多于消费它们的人口。因此，可以说有一个坚实的开端。

这也是经济因素。（世界）西半球（即美洲）人口最稳定的发展中国家——墨西哥——已经与（世界）西半

1　Peter Zeihan, *The End of the World Is Just the Beginning: Mapping the Collapse of Globalization*, p. 131.

球（即美洲）最大的经济体和人口最稳定的发达国家——
美国——实现了高度的一体化。两者在以无与伦比的方
式相互支撑着。

这也是地缘政治因素。美国人有能力和兴趣防止东半
球的诡计渗透到西半球来。从某种意义上说，美国人可
能正在放弃全球的秩序（大圈），但他们仍将维护西半球
的秩序（小圈）。[1]

不那么幸运的是，作者又进一步地发挥想象：在已然四
分五裂的地表上，欧洲还将进一步分裂下去，乃至于令人想
起了中世纪的分封：

不幸的是，历史为我们提供了一些相对明确的前进方
向。随着长途海运的可靠性逐渐消失，美国（目前是欧洲
最大的市场）走上了独立发展的道路，欧洲人将更加重
视保护他们所拥有和了解的东西，即自己的供应链和市

---

1 Peter Zeihan, *The End of the World Is Just the Beginning: Mapping the Collapse of Globalization*, p. 145.

场。欧洲正开始要成为秩序时代最具保护主义的经济体，然而这一点却无济于事。

而最终的结果将是，各大主要力量都试图在更广阔的地区建立多个"迷你欧洲"，并且通过经济的、文化的（在某些情况下还有军事的）手段来实现这一目标。英国、法国、德国、瑞典和土耳其都将各自为政，并且试图吸引或胁迫部分邻国来加入它们的行列。而相应的，一体化的进程将受到损害。对于那些熟悉波斯、希腊、罗马、拜占庭、奥斯曼、德国、英国、法国、中世纪或早期工业历史的人来说，这将令人不安地回想起过去。毕竟，历史并没有终点。[1]

如果再根据这位作者的尽情畅想，尽管都快出现骑士和城堡了，但欧洲未来的情景一经比较，还不能算最为凄惨的或毁灭性的，因为最糟糕的前景还是将会出现于亚洲，——尤其是那个同样地处亚洲的、作为美国最大竞争对手的中国：

1 Peter Zeihan, *The End of the World Is Just the Beginning: Mapping the Collapse of Globalization*, p. 135.

现代的制造业，尤其是现代的高科技制造业，只有在足以无摩擦地快速流通大量中间产品的世界中才可以正常运转。只有那些能够将制造业供应与制造业需求集中在同一区域的国家才不会遭受毁灭性的破坏。这对于德国制造业来说是一个巨大的问题，因为许多供应商都来自遥远的地方，而且大约一半的客户甚至都不在欧洲。

然而对于亚洲制造业来说，这将会是一个更大的问题，因为所有的中间产品都是通过海运运输的（至少德国还可以在供应链伙伴之间用铁路来运输中间产品），而大多数的原材料和最终市场都远在数千英里之外。尤其是中国，它的制造业系统几乎完全依赖于位于这个大陆之外的，或者与之有着沉重历史或地缘政治积怨的国家所提供的高附加值组件。而随着运输成本的急剧上升，将面临最大破坏的就将是那些依赖低成本（比如廉价运输）的低利润环节。[1]

1　Peter Zeihan, *The End of the World Is Just the Beginning: Mapping the Collapse of Globalization*, p. 144.

大体而言，如果按照这位作者的大胆设想，既然"全球化"已是"明日黄花"，那么，越是在当下的"全球化"中水平比较低的国家，未来所遭遇的挑战就会成反比地较小；而反之亦然，越是在此刻"全球化"水平比较高的国家，未来所面对的困境也就会相应地较大。由此，一方面，一旦美国决计不再扮演它那"不可或缺"的角色了——

　　　　长途运输的日子已经一去不复返了。除了日本和美国，没有哪个国家能够持续地向远离本土的大陆投射海军力量，即使是世界头号和第二号海军强国，也无力去巡逻足够宽阔的海域，以确保无护航的货物贸易。而秩序之所以奏效，只是因为唯独美国拥有一支全球性的海军，而且所有人都同意不去攻击船只。然而那个世界已经不复存在了。[1]

　　另一方面，中国人也将马上看到那个"世界末日"了：

1　Peter Zeihan, *The End of the World Is Just the Beginning: Mapping the Collapse of Globalization*, p. 139.

在这个新的结构中，中国无疑是最大的输家。中国的一切——从工业结构到食品供应到收入来源——都是由美国主导的那个秩序的直接结果。一旦没有美国人，中国将失去在能源供应、制造业销售收入以及进口制造所需原材料方面的能力，同时也将失去进口或种植粮食的能力。中国绝对会面临前所未有的去工业化和去城市化，其规模堪称神话。几乎还可以肯定的是，它将面临政治的解体甚至文明的倒退。而这一切又都发生在人口结构已经解体的背景下。[1]

最耐人寻味的是，只是到了该书的"尾声"，这位作者才在最后一页暴露了自己作为"鹰派"的那种本色，或者说，是暴露了自己原本"好斗"的那种禀性。——而我们读到了这里才可以看穿，他之所以主张悉数撤回海军，并不是不再谋求美国的霸权，恰恰相反，只是以某种"以退为进"的计谋，来倒过来彰显美国的主导地位：

---

1 Peter Zeihan, *The End of the World Is Just the Beginning: Mapping the Collapse of Globalization*, p. 147.

真正的问题——真正的谜团——是接下来会发生什么。在人类历史上，从来没有哪个过渡期会对如此广阔的地球上的众多国家和文化造成如此巨大的冲击。即使是晚青铜时代的崩溃也没有这么彻底。我们把20世纪称为"美国世纪"，是因为美国从1945年成为全球主导力量。而在未来的时代，北美与世界其他地区的差距——如果可以这么说的话——还将更加明显。在人类的历史上，前一个时代的主导力量从未如此无可争议地还会在下一个时代开始时占据主导地位。[1]

总起来说，这本书为美国提出的全球战略，属于一种相当另类的、言大而夸的战略，一种主张"无为而无不为"的阴柔战略，甚至是一种通过"自宫"来阉割别人的战略。尽管因为"大打嘴炮"的耸动效应，它至少是大大满足了"快意恩仇"的社会心理，而一下子就登上了《纽约时报》的畅销书榜，然而，在拜登入主白宫的这几年间，它并没有当真被那

1　Peter Zeihan, *The End of the World Is Just the Beginning: Mapping the Collapse of Globalization*, p. 422.

里的主人所认同，虽则这位年迈总统另一种较为常规的操作，也并不见得真的就能讨中国人喜欢。

可无论如何，一方面，从这本书的大卖或大行其道中，我们总可以略窥当今美国的民意；毕竟在那些为之大喝其彩的读者中，不光包括了某些下层社会的、无足轻重的成员，也还包括了"准将""前州长""总裁"，甚至是"前海豹突击队狙击手"，等等。此外我们还应当持有这样的顾虑，假如特朗普还是驾着这样的云头，再一次落地为他们的"大统领"，那么，那个人至少是持有类似的心结，因而也就真有可能去部分兑现它。——而从另一方面来讲，更加至关紧要甚至性命攸关的是，这本书对于全球态势的"沙盘推演"，虽然都纯粹基于美国的"一厢情愿"，却也并非全属"空穴来风"。而我们或许足以由此醒悟，在上一波"全球化"较为顺利的推进中，中国所抓住的那一次难得的机遇，确实还要归功于和平与安全的"红利"，而且这种"红利"并不是天经地义的。这就有助于我们换一个角度，更清醒且全面地估量当今的世界局势。

毫无疑问，总有个全副武装的"警察"，有事没事地总在家门口转悠，这难免会招致自己家人的反感；不过，要是那个"警察"突然无影无踪了，让航行的水道一下子沦为"无政府"状态，这种绿林好汉横行的世界就更不堪设想了。因此，在将来那种更加平衡的安全格局，还未能随着各种力量的消长与协商而逐渐在这个世界上磨合出来之前，无论如何也要尽量维护住当前的局面，至少也尽量努力管控双边纠纷的烈度，以维持世界的和平、通航的安全、贸易的自由，毕竟那才是中华民族须臾不可少离的生命线。——而一旦连这种生死存亡的底线都弄不清、守不住，只凭着一己的鲁莽灭裂的匹夫之勇，就闭上眼，纵起身，想要跳下那个深不见底的陷阱，那么，在从今往后的这个"小小寰球"上，哪里又会是中华民族的容身之地呢？

31

当然了，上述那本书对于未来的过激主张，毕竟还只在

"一厢情愿"地幻想着，它所设想的顶多只是极端的情况，而被完全实现的可能性还相当小，所以也只能算是为我们敲了一下"警钟"。——接下来要讲述的这本书，却是在报道当今美国的现状，因而描写的已是正在进行的"日常"，而其中那些不那么刺目的、慢慢偏转的迁移，更容易产生"温水煮青蛙"的最终效果。

这就是跟上本书在同一年出版的，同样走畅销路线的《归家》一书，而且，这本书的副标题中同样使用了"后全球"（Post-Global）的说法。它的作者拉娜·福鲁哈尔，曾经担任过《时代》周刊的副主编，眼下则担任《金融时报》的副主编，此外还是 CNN 的全球经济分析师，——这本书的"内容提要"则以这样的综述提出了想要"突围"的愿望和举措：

　　疫情导致超市货架空空如也，个人的防护装备（PPE）短缺，使全球贸易和供应链的脆弱性暴露无遗……这种碎片化现象已经持续了几十年。我们以效率优先、利润至上的新自由主义经济哲学，导致了巨大的社会不公、持续的经济不安全感，以及对我们制度的不信任。这种哲学支撑了过去半个世纪的全球化进程，不过现在它却已走到了尽头。基于地点的经济学和一波技术创新，使得我们能将运营、投资和财富留在更近的家门口，无论家在哪里。（引自亚马逊网站上的相关条目）

对于以上描述的那一片混乱与狼狈，作者提出了"一个世界，两种系统"（One World, Two Systems）的概括，其分别的代表当然就是美国与中国。而这样的提法在她的书中反复出现，比如——

这凸显了一个真正的重大发展：我们现在生活在一个世界中，两个具有非常不同的政治和经济体系的超级大国——美国和中国——都是主要的生产国和全球消费者。以前，主要是美国消费、中国生产。两个主要的生产和消费国家的存在，彻底地改变了全球制造业的模式。例如，中国工资的提高，提高了中国消费者的购买力，但这也使得将低附加值商品（如家具或服装）的生产转移到其他国家的可能性大大增加。与此同时，中国的崛起及其对包括技术行业在内的战略要地的封锁，也加剧了"一个世界，两种体系"的内在摩擦。[1]

接下来，正如该书的"内容提要"已经提示过的，作者是把当今世界的主要乱源归咎于推动着这种发展的"新自由主义"；而且有意思的是，这又使我们自然而然地回忆起，其实前些年国内也曾组织力量批判过"新自由主义"，由此看来，只要是基于"民族－国家"的本位，就全都看不惯这种主张经济"无国界"的理论。可无论如何，这种看似"自由"和"超然"的经济"主义"，如果依照福鲁哈尔的事后反悔，除了对于唯利是图的大公司，就是唯独对中国人最为有利：

> 然而，自由市场非但没有让我们都变得"自由"，反而把我们从公民变成了消费者，越来越依赖于那些将我们的工作外包出去、挖掘我们的个人数据，同时向我们

[1] Rana Foroohar, *Homecoming: The Path to Prosperity in a Post-Global World*, New York: Crown Publishing Group, 2022, p. 117.

出售越来越光鲜亮丽的晚期资本主义商品（通常是通过信贷购买）的大型公司。甚至连这种思想的主要国际支持者，如国际货币基金组织（由美国赞助）和世界银行也承认，在资本可以自由流动的新世界秩序下，资本的所有者可能会在资本能找到最高回报的地方繁荣发展，然而工人却往往做不到。事实上，正如我们已经了解到的，研究表明，在美国式的新自由主义下，有两个群体获得了不成比例的繁荣：跨国公司和中国人。[1]

因此，不管这种"新自由主义"的经济哲学在宣讲的时候显得多么美妙与公平，可至少在福鲁哈尔看来，它是把效率放到了韧性之上，把利润放到了地方繁荣之上，从而严重地导致了社会的不平等、经济的不安全和机构的不被信任。正因为这样，该书作者便提出了"解放思想"的要求：

直到不久前，在礼貌的社交圈里，质疑新自由主义经

1　Rana Foroohar, *Homecoming: The Path to Prosperity in a Post-Global World*, p. 29.

济理论中的自由贸易都是不可能的。然而，正如莱特希泽所写到的，学术理论无法"掩盖这样一个基本事实：如果一个国家进口了本国可以生产的产品，那么国内的消费就是在雇用国外的人而不是国内的人"。当比尔·克林顿在 2000 年与中国建立正常的贸易关系时，他预测这一举措将使美国"能够出口产品而不必出口工作岗位"。然而实际的情况却正好相反。美国与中国的贸易逆差在高峰时期曾达到 4000 多亿美元，而从 1999 年到 2011 年，美国至少失去了 200 万个工作岗位，这很大程度上正是由于贸易政策的变化。与此同时，在美国做生意的公司被迫为了进入一个所谓的"自由"市场，而向中国交出了知识产权和商业机密。所有这些都在帮助中国成为世界上最大的高科技产品出口。尤其是在过去的几年间，中国在清洁技术制造、电子元件、绿色电池和 5G 技术等关键的领域，已经远远领先于其他国家了。[1]

1　Rana Foroohar, *Homecoming: The Path to Prosperity in a Post-Global World*, p. 99.

而从这样的危机感出发，尽管可以从字里行间体会到，福鲁哈尔在政治上肯定是倾向于民主党的，而且，无论是她所供职的《时代》周刊、《金融时报》还是 CNN，也都决不会偏向"不靠谱"的特朗普，可她还是表扬了后者跟中国的"脱钩断链"。而我们由此也就可以看出，美国对于中国的相当负面的看法，如今已然是朝野一致、两党一致、左右一致、上层和下层一致、学者和大众一致——总而言之是举国一致了：

　　　　特朗普政府在经济上唯一做得好的事情，就是停止假装"一个世界，两种系统"的问题，即外交政策专家所说的问题并不存在。虽然特朗普总统并没有应对中国崛起的明确策略——实际上他还支持像俄罗斯这样的中国盟友——而且他尖刻的言辞也并没有帮助到美国，但过去四年至少让美国的政策制定者和企业高管们，在面对中国挑战的现实性和不可克服性时，结束了那种荒谬的"艺伎"式的表演。[1]

1　Rana Foroohar, *Homecoming: The Path to Prosperity in a Post-Global World*, p. 18.

此外，在本书的另一处，她同样表扬了强硬的莱特希泽（Robert Lighthizer），认为这位贸易代表的对华路线算是特朗普任期内的唯一亮点了：

> 到 2017 年，莱特希泽将中国的国家资本主义描述为"对于世界贸易体系的前所未有的威胁"。他公开承认了"一个世界，两种系统"和新自由主义经济的弊端和虚伪，从而打破了 40 年来的既定政策。他的贸易政策的指南针不再是效率，甚至也不是地缘政治，而是主张"正确的政策是让大多数公民，包括那些没有大学学历的人，能够通过稳定、高薪的工作而进入中产阶级"。[1]

那么接下来，沿着时间发展的顺序，福鲁哈尔又把她的赞誉之词投向了特朗普的那位最大政敌：

> 如果特朗普政府做了什么好事，那就是揭露了这种

1　Rana Foroohar, *Homecoming: The Path to Prosperity in a Post-Global World*, p. 97.

"自由"贸易的神话和缺陷。不过他的政府却没有任何收效，从某种意义上说，他们确实是同中国展开了贸易战，然而却并没有真正的计划来提高美国经济本身的竞争力。拜登政府则正试图发展一种后新自由主义的观点，即如何在一个跨国公司和国有经济与许多自由民主国家一样强大的世界中建立国家的竞争力。拜登政府的长期经济增长计划在很多方面类似于60年代的工业政策；这一次，不再是以冷战时期对于计算机行业的公共担保的形式，而是以一项绿色新政的形式，这样的新政将重振美国的工业基础，鼓励生产风力涡轮机和太阳能电池板（可以由前煤矿工人或钢铁工人来安装），以努力使国家向着清洁的本地能源过渡。这是一个非常进步的目标。可尽管如此，特朗普政府和拜登政府也都承认，贸易从来都不是完全自由的。它总是在反映一个或另一个利益集团的需求。[1]

1 Rana Foroohar, *Homecoming: The Path to Prosperity in a Post-Global World*, pp. 98–99.

既然如此，该书也就提供了不少的案例，从食物种植到口罩生产，到房屋建造，以报道正在发生的一系列趋势，借以描述制造业正向美国回归。作者借此提出了自己的主张，认为正是通过这样的发展趋势，才能看出"全球化"的时代已然结束，而经济"本土化"的时代则已经开始。——说起来，即使仍然对此记忆犹新，还是足以让我们大吃一惊，原来这种"本土化"的真正转捩点，恰是发生在新冠疫情防控期间：

　　　　在危机期间，很快就变得非常清楚的是，像口罩、加湿器、关键维生素、医药供应输入、洗手液，甚至医生和护士使用的无菌手套等物品，在这个国家都已经不再生产了。原来，全球大部分地区都是从为数不多的全球出口商那里获得这些物品的，而其中最大的出口商则是中国。"令人惊讶的是，在百年一遇的疫情防控期间，我们最需要的东西却掌握在一个最大的战略对手手中，而这个对手正控制着一条长达一万英里的供应链"，长期主张加强制造业自给自足的劳工经济学家、前美国商务部官员克莱德·普雷斯托维茨说道。[1]

由此也就可想而知，在实在是被逼无奈的情况下，已经习惯于消费的美国人也只能"自己动手"了：

但这并不意味着此类产品不能在国内生产。仅仅三天时间，九家美国服装公司就联合起来开始生产口罩了。在一个月内，他们就从生产棒球衫和袜子转变为每周生产 1000 万个一次性口罩。这一努力驳斥了批评者的观点，即大规模的工业转型在美国已不再可能，因为大量的工业供应链都已被外包。这也引发了有关哪些产业应该向离本土更近的地方回流的讨论，不光是在美国，在工业也被掏空的欧洲部分地区同样如此。事实证明，由于一系列有利于本地化的经济、人口、环境和技术转变，本地化制造再次有了一席之地。[2]

1　Rana Foroohar, *Homecoming: The Path to Prosperity in a Post-Global World*, pp. 155–156.
2　Rana Foroohar, *Homecoming: The Path to Prosperity in a Post-Global World*, p. 156.

不待言，该书正是在向这样的"回流"欢呼，不然它的标题就不会被取为"归家"（Homecoming）了。因此，就算在效率上还是远不如"全球化"，福鲁哈尔仍在为制造业的"本土化"叫好，认为美国已经接近于本地企业的崛起：

　　　　这强调了我们长期以来就知道的一个事实：一定程度的自给自足很重要，因此制造业也很重要。尽管在过去几十年里，制造业已经越来越自动化和全球化，但它在国家心理上仍然占据着特殊的地位——不仅在美国，而且在许多像德国、中国和日本这样的大型出口国。[1]

　　这位作者进一步认为，这将展现出更有韧性的经济图景，并使被废弃的地方重新繁荣起来：

　　　　我认为后新自由主义时代的目标不应该是释放资本，而是释放人力。我们应该致力于在国内创造高质量的就

1　Rana Foroohar, *Homecoming: The Path to Prosperity in a Post-Global World*, p. 160.

业机会。一旦有了适当的政策，最有才华的移民自然就会随之而来。虽然像垂直农业这样的新兴高科技产业，所创造的就业机会要比传统农业少，但它们却是更好的就业机会。因为这项技术必须放置在当地，靠近消费者，从而增强了经济的韧性和可持续性。而这与当前这种高度集中、脆弱和垄断的农业模式是截然相反的。[1]

当然，就算是先搞出了"脱钩断链"，后又提出了"小院高墙"，这样的举措也并不能自动证明"本土化"的生产就真能成多大气候。而事实上，即使撇开中美贸易的"剪不断"不谈，更大的权重恐怕还是发生在：要么是到墨西哥等地设厂，要么是在越南等地转口，要么是向印度等地转移，总而言之还是要跨国经营。——大概正是出于这种考虑，网络上那些对于这本书的评论，也就缓和了福鲁哈尔的论调，使之成为对于"半全球化"的论述，如玛丽安娜·马祖卡托（Mariana Mazzucato）就写道：

1　Rana Foroohar, *Homecoming: The Path to Prosperity in a Post-Global World*, p. 91.

通过提出什么是最重要的和谁是重要的这类基本问题，这本书对于未来抱持有条件的乐观态度：全球合作是可能的（也是必要的），然而，只有基于重视社区、可持续性、公平而健全的经济思维，才会产生积极的社会成果。通往这种新形式资本主义的道路，是由《归家》等书铺就的。（引自亚马逊网站的相关条目）

进一步说，应当是出于同样的意识，到《归家》这本书的最后一章，这种"半全球化"在作者的寄望中则又向前伸展成一种"新全球化"：

我们这个时代的挑战是如何制定一套新的国际体系，以避免重蹈过去的覆辙，而使地方需求与全球现实达到更好的平衡。20世纪30年代的新自由主义者试图通过全球化来遏制民粹主义。然而，全球资本家控制跨境财富和权力的能力，却比历史上的任何时候都要大得多，这就把我们带到了一个新自由主义全球化愿景正在崩溃的地方。它的结果就是民粹主义和民族主义。"华盛顿共识"已经让位于大科技公司和大政府之间的权力斗争了。世界各地的个人都受困于其间。[1]

而巴里·林恩（Barry C. Lynn）就此评论说：

在《归家》中，她将这一切编织到一起，从而展示了如何建立一个更安全、更清洁、更和平的世界。这是一幅对于我们所有人都有效的、有关未来的愿景蓝图。（引自亚马逊网站的相关条目）

32

写到这个快要考虑"盘点"的地步，耳边不觉响起了国歌所唱到的："中华民族，到了最危险的时候"。的确，我们那

1　Rana Foroohar, *Homecoming: The Path to Prosperity in a Post-Global World*, p. 320.

曾经举步维艰、晚近又枯木逢春的国运，走到了一个相当危险的"十字路口"，——既有可能在糊里糊涂地蹚过这个"十字路口"字后，对内陷入可怕的"中等收入陷阱"，又对外陷入可怕的"修昔底德陷阱"；也有可能在充满警觉地闯过这个"十字路口"之后，又一马平川地走向更加的安定和谐，从而更有资格自立于"世界民族之林"。

不过话又说回来，在这种火烧眉毛、危如累卵的关头，却也出现了一个始料未及的好处，那就是再也没有必要"五心不定"地围绕"全球化"，围绕"改革开放"，去展开那些根本是"可怜无补费精神"的争论了。就像不管对于任何东西，都是在"快要失去"乃至"已经失去"的节骨眼上，才更能体会到它的"不可多得"一样，我们即使只是经由前文中的那些引述，而听到来自西方的一片懊悔之声，也应当可以如梦方醒地觉悟到，在刚刚过去的那几十年间，中华民族的确是难能可贵地抓住了一次让国运显著上升的机会，这种机会还很可能是"稍纵即逝"的，甚至于，它在当下就已经露出了现实的危险，快要从我们的手指缝里悄悄溜走了。

说穿了，哪怕只看看闭幕不久的巴黎奥运会，我们就应当能够大彻大悟，如果没有当代中国的这次逆势崛起，那么，占据着"金牌榜"前几名的，还会是那几个传统工业化国家，虽说其名次也会略微有所升降调整。而讽刺的是，如果再来联想一下当今"七国集团"的名单，乃至当年"八国联军"的名单，其基本的构成也还是大体一致的。——甚至于，在当今这种严酷苛刻的"商战"环境中，它们也决不会只因为哪个国家施行了与自己相同的社会政治制度，就心慈手软地任凭其进入这个俱乐部。

然而，无可避免或无可奈何的是，在我们这个既人口众多又资源贫乏的国家，也只有可以向世界提供廉价的人力资源，才构成了中国当时最大的待采"金矿"；由此一来，同样无可否认的是，这就使数以亿计的"打工仔"不得不背离自幼生长的乡村，到工厂里付出艰苦卓绝的劳作并忍受困顿不堪的生活。——也正因为这样，面对如此悬殊的城乡差距，我才由衷地写下自己心中的不忍：

真的，在尽享中国的低廉劳动力市场所带来的种种好处时，我们这些幸运的城里人，哪怕是其中最为洁身自好者，也照样脱不开潜在的愧疚。因为我们毕竟不难意识到，由于生活起点的不同，就算你跟打工仔讲好了"平等交换"的工钱，也并不意味着真正的公平……正因为这样，有时候我甚至会叨念：如果有一天我们发现，中国当真就这么"和平崛起"了，那么我们不要忘记，一定要为连续几代数以亿计的苦力劳工，修一座最高最大的纪念碑，来铭记他们曾经付出的超常牺牲！[1]

即使如此，我还是不赞同所谓"低人权"的提法，因为这种对于"人权"的"高低"之分，实在是太含糊其词了，太似是而非了。——对于任何事物的比对，无论如何都应当谨慎地讲究基于的标尺。一方面，如果中国工人得到的劳动报酬，以及相应配置的工作条件，尤其在"改革开放"的初期，肯定是大大"低于"西方工人的，那么，他们之所以如此踊跃地进城，则是因为由此能换取的收入以及获得的生活条件，还是大大地高于人民公社时期的；而在另一方面，仍然从劳动报

---

[1] 刘东：《贱民的歌唱：序〈从乡村到城市的精神胎记〉》，见《坚守坐拥的书城》，南京：江苏人民出版社，2019 年，第 239—240 页。

酬的"国际比价"来看，一旦中国的劳工薪资又开始上涨，虽说还达不到美国的"最低标准"，却已开始让中国的竞争力显著下降了，而这恰恰又使越南、印度这些国家的所谓"低人权"构成了难得的机会，于是就有可能拖累我们的国运了。

　　说到这里，不免要回头关注我们的国运。无论如何，千万不要再迷信线性的"进步"观念，误以为我们在当前所遭遇的困境只是一个为时短暂的挫折，或者一种发展过程中的波折，也即所谓"波浪式的前进"或"螺旋式的上升"；就像人们在特朗普大打"贸易战"的时期，都误以为这总归是历史的"例外"，只须耐着性子忍一忍就熬过去了。——说穿了，这根本就属于一厢情愿的、毫无根据的乐观。事实上，一方面，历史本身并不等同于理性，而仅只意味着在时间上的延伸，它一旦犯起错来并没有底线，也完全有可能继续往下延伸，乃至一再走向所谓"没有最坏，只有更坏"……而在另一方面，历史又只是一种历程，因此就必然具有时间上的一维性，而总是要"奔流到海不复回"的，无论什么人都是回不去的，甚至于，只要心存"开倒车"的念头，就准会比"没开车"的更加悲惨。

无论如何，眼下的严峻事实都只能是，正因为嵌入了外部的发达市场，并向它推销了自己的廉价劳工，当代中国才几乎"一夜暴富"了。所以，大家借前文的论述也已经看出来了，由于中国的供应链伸展得最长，简直是跟世界上的大多数国家都结成了所谓的"最大贸易伙伴"，因此，我们国家在世界上的地位既可以说是最为超前的，也可以说是最有风险的；换句话说，它既可能是最受益于"全球化"的，也可能是最受害于"去全球化"的，正所谓"福兮祸所倚，祸兮福所伏"。不管它终究"是福是祸"，我们来到了历史的这个关口，就已比曾经作为"第一推动"的西方更加仰重和依赖"全球化"进程了，否则整个的国计民生都不堪想象了。——既然如此，我们也就比世上任何别的国家都更需要做出持久而真诚的努力，以维护、修复和孵化一种秩序，使得"全球化"仍可稳固地基于其上，立于其间。

　　相关秩序或制度的建设，先要从理顺国际的关系做起。既然我们从前文已经看到，中国是如此急切地需要"全球化"，那么，即使有人在明确地排挤、拒斥我们，我们也决不可由此便一不做、二不休，干脆向着外部世界尤其是发达社会关上大门，否则就不啻自绝下一步的出路。——而回想起来，中国这样地向"全球化"敞开大门，还不能仅仅追溯到七十年代末的"十一届三中全会"，更要追溯到七十年代初的"尼克松访华"。在那个"文革"尚未终结的年代，各个方面都已濒于崩溃的边缘，各种矛盾还像"一篓子螃蟹"，由于彼此牵扯到一起而积重难返，由此不难想象，如果不是当年有人圆熟老到地，也是非常具有外交家风度地，先从外交战线上杀出一条血路，为中国接下来的改革开放适时地开辟出友善的、积极的国际环境，那么，中国此后的迅速调头、高速发展，会是就连在睡梦中都不敢想象的。

虽说确实如冈德·弗兰克所讲，在国际资本的全球性流动中，最能够决定性地发挥影响力的，反而是来自社会外部的因素，也即与"内因"相对的"外因"才是主导性的"决定因素"；可话说回来，"外因"终究还是要通过"内因"来起作用，否则任何改革开放都将流于空谈，就像即使把它开展到哪个酋长国，大概也只会在那一片沙漠中白白耗干。——由此又应能想到，即使是争取到了较好的国际环境，也还要转而把家里的事情办好，让人们能够没有拘束地伸出手脚，接住再踢开从外部传来的皮球。进而想到，如果那时候不是以"思想解放"运动在各方面大胆地推动"改革开放"，我们当年也未必就能抓住难得的机会，让中国获得那次"一飞冲天"的高速发展。

当然众所周知，眼下的"改革开放"已经进入"深水区"。这样的复杂情势迫使我们不光是在科学研究、技术发明方面，凡是其他国家已经有的，我们自己也都一定要有，而一旦发现没有，就要迎头赶上；而且，在制度建设和思想意识方面，只要是符合于"公平正义"的原则，只要是符合于"以人为本"的道理，但凡其他国家已经有的，我们也应当适当"拿来"，甚至于，即使其他国家一时还没有，我们也要"为天下先"地创造它、发明它、实验它。——唯其如此，我们才有可能切实夯实那个"一中之多"，在今后的历史中真正突出自己的特色，再一次让中国居于世界领先的地位；唯其如此，我们才可能转而在全球范围内巩固由认同所叠合的"多中之一"，从而为我们下一步的高歌猛进尽量汲取发展的动源，减少摩擦的阻力。

要是果真能够如此的话，"被动"也就突然化为了"主动"，而"坏事"也就登时变成了"好事"；甚至于，在"文明国家"最终落成的意义上，这种在思想与制度方面的建设，这种现代"国民意识"的宣告形成，要远比经济发展来得更加重要、更为紧迫。——无论如何，正像《左传》曾经讲过的，"邻国之难，不可虞也。或多难以固其国，启其疆土；或无难以丧其国，失其守宇。"如果在"多难兴邦"的意义上，甚至在"置之死地而后生"的意义上，即使当下正面临严峻的危局，却也并未剥夺我们的想象空间，反而让我们认定，在"文明国家"的落成上，也许眼下反倒真正算是"万事俱备"，只欠最后定下乾坤的"临门一脚"了。

33

我们在这里集中讨论的"全球化"，其实正是一个"全球性"的熔炉，它不光在强烈要求着中国的变革，也同时在要求世界上的所有国家全都要对自身进行相应的变革，从而在这个巨大的高温熔炉中，同样忍受着种种阵痛而锻造自己，重铸金身。

虽则在一方面，当然是各个国家都必须这么做，可是另一方面，各个国家都这样做的时候，又都必须基于自己特定的出发点；一旦这两个方面叠加到一起，也就构成了前文所讲的"一体两面"，即既要获得维持"共通性"的"多中之一"，也要获得保护"独特性"的"一中之多"。——也正是鉴于这种"一体两面"的关系，同时也是因为"全球化"概念的复合性，如果说西方当初作为"第一推动"的时候，无疑是在追求西方文化的"现代形态"，乃至于"全球形态"，那么，一旦中国到后来又接住了飞过来的皮球，则又是要追求中国文化的"现代形态"，或者"全球形态"。

我们必须充分意识到，这个"一体两面"终究是缺一不可的。也就是说，一旦缺少其中的"多中之一"，这个世界就失去了对话的基础，抽离了彼此沟通理解的前提，久而久之，也终将抹去进行多边贸易的必要，以致"全球化"只能就此无疾而终了。而反过来说，一旦缺少了其中的"一中之多"，人类的家园就会迅速地"麦当劳化"，从而不仅失去文化的韵味、诗意的情致，使原本已被各文明开发出的人生境界变得越来越快餐化、机械化、扁平化，同样也会失去文化的动机、超越的愿望，以致无法再向经由认同而达到的叠合提供进一步充实与更新它的动源。——事实上，以往借着讨论人类"通识"的话题，我已申明过自己就此的理解（参见本书第148页）。

　　既然如此，其实不光是我们的国人，而且是世上所有的地球人，都同样需要"带着警觉加入全球"。此外回想起来，在前文述及的《归家》一书中，作者福鲁哈尔到了最后，无论是呼吁"半全球化"，还是憧憬"新全球化"，实则都是在"带着警觉加入全球"。从这样的道理出发，即使我们已经清醒地认识到，"全球化"属于中华民族的命门，但为了建设中国文化的"现代形态"，还是要充分唤醒文化的"主体性"，以便同样"带着警觉加入全球"。唯其如此，才不致中断了华夏文明几千年的历史，唯其如此，才能建造出具有文化特色的"现代国家"。无论如何，在诚心诚意地拥抱"全球化"的同时，这种如临如履、怵惕惟厉的"警觉性"，以及支撑在它背后的"主体性"，对于我们而言都是必不可少的，——毕竟，

我们正睁眼面对的东西，并不是一片光明的"理想国"。（参见本书第144—145页）

接下来应当进一步厘清的是，"带着警觉加入全球"的过程，跟我以往曾论述过的对于"中国文化现代形态"的寻求，属于"一体两面"的同一过程。——也就是说，一旦中国在下一步的发展中更加完整顺畅地加入了"全球化"，这自然就意味着，它与此同时更加充分地实现了自己的"现代化"；当然反过来说，如果在"现代化"进程中，还存在着种种未能尽如人意之处，这也注定要表现于，它会在"全球化"进程中表现得磕磕绊绊、疙里疙瘩。

还应小心拿捏的是，这里提出的"中国文化的现代形态"，跟人们通常所说的"中国式的现代化"，当然在意义上有部分的重叠；只不过，如果再仔细地进行语义辨析，还会从中发现一些微妙的区别。——而归根结底，此中的关键差别就在于：后者是把"现代化"当成了主词，又把"中国式"当成了形容词，于是弄得不好也就只剩下"多中之一"，不再有"一中之多"了；而反过来，前者则是把"中国文化"当成主词，又把"现代形态"当成了形容词，而这样一来，也就凸显了用来叠合的主体，只把叠合本身看成"次生"的了。

再说到底，这里所讲的文化"主体性"，则又来自人生的"自觉性"。——无论如何，也正是出自对"价值理念"的坚守，认为孔子所提出的、在"祛除巫魅"基础上的"人生解决方案"，无论如何都是最有道理的，也终究是可以说服世界的，自己才会在北大教书的时候向比较文学研究所的学生反复告诫，决不可以轻率地丢失"文化本根"，虽说也不可固陋地拘守"文化本位"；在清华教书的时候，我又反复向国学院的弟子告诫道：

> 中国精神之最令人惊异的特色，就在于它居然毋需独断的宗教，而全凭可以靠理性来把握的价值学说，去环环相扣、层层递进和代代相传，就有效地传播了做人的标准，和确立了文明的基本纲常。[1]

说到这里则又想起，老一辈的汉学家白鲁恂（Lucian W.

1　刘东：《意识重叠处，即是智慧生长处：梁启超〈德育鉴〉新序》，见梁启超编著：《德育鉴》，北京：北京大学出版社，2011年，第7页。

Pye）曾在《中国政治的精神》（*The Spirit of Chinese Politics*）一书中，写下这样一句名言："中国是一个文明，却伪装成了一个国家"。由此有人认为，白鲁恂此语是用心不良的，认定了作为"文明"的 China 才是它在历史上的真实常态，而作为"民族－国家"的 China，则不过是它在现代的非正常变态，也许还应当再像欧洲那样继续地裂变、分解下去，直到变成所谓"一口袋马铃薯"。不过在我看来，白鲁恂当年的这句话，其实讲得既对又不对。具体而言，说它"不对"的意思是，China 如今就是一个"民族－国家"，虽说这也是在现代国际格局中不得不进行的一次主动求变；而说它"对"的意思则是，China 这个"民族－国家"的底色原本就是一个"文明"，并且也正因为这样，才会具有独到的价值观念，在文化的底蕴上也更加丰厚，——甚至于，也正是价值观念与文化底蕴才使得它不是没有可能最终又超越了"民族－国家"的框架。

34

　　说到这里，就该来总结所谓"post-global"的说法了。一方面，一旦用上"post"这个前缀，在语义上也就自然意味着，发言者既不再认命地满足于现状，也不再沉寂地安守于现状，而挑明了就是要超越现状、改变现状。既然如此，所谓"post-global"的说法也就意味着，发言者认定当前的"全球化"明显是出了问题，而急需对之进行调整，无论是在描述现状的主观语词上，还是在应对危机的现实策略上。——正如格辛·米勒和本杰明·洛伊就此写道的：

　　　　所有这些近期的趋势都导致了上述全球化范式的明显衰竭——然而它们并未拆除相关的全球互联形式。因此，当我们提及"后全球时代"已经到来的时候，并不是在声称全球范围内的网络和整合现象就被低估或摒弃了。相反，这一新创的概念只被认为是对全球化本身之产生、后果和不对称性的一种批判性的话语和认识论的回应。

"后全球性"（post-globality）这一术语到现在都很少被使用。然而，我们却认为这是一个有用的框架，可以用来讨论在上述全球化范式枯竭过程中的复杂影响，因为它既允许涵容和批判性地讨论处理这些现象的其他方法，又不会忽视新的全球关联性格局。[1]

不过与此同时，我们又应当小心地提防，只要用上像"post"这样的前缀，那就有可能又是不知不觉地，在迎合冥冥中的神秘历史决定论了，就好像它总会沿着前定的某条单线来发展，无论那意味着节节进取的上升，还是无可挽回的沉沦。也正因为这样，细心的读者也许已经注意到，我从一开始为本文写下的标题，就不再像克雷格·卡洪的文章——更确切地说是它的汉语译文——那样，写成"后民族时代来到了吗？"，而只是写成"是处在'后全球'时代吗？"。换句话说，我是有意地剔除了其中的时间向度，只把当前的情势描述为空间的状态，以便跟那种盲目的迷信划清界限。

1　Gesine Müller and Benjamin Loy, eds., *Post-Global Aesthetics: 21st Century Latin American Literatures and Cultures*, Berlin: De Gruyter, 2022, p. 2.

还是在这样的意义上，虽然我一方面不愿意说，那种作为终极理想的"全球化"，或者作为最后结局的"全球一体化"，注定会落实为历史的目的或者时间的终点，可我在另一方面同样不愿意说，当下这种故意画地为牢的"全球分裂"，或者如前引作者所讲的"后全球性"，便一定会成为全体人类的最后宿命。——事实上，早在三十多年以前，我就已从方法论上对此进行过批判了：

　　　　我们首先需要检省的就不是围绕"进步"问题的种种具体见解，而是所以形成这种众说纷纭局面的认识论基础。一旦着手处理此类历史哲学的方法论问题，我们就会和 Kant 一样，感到"进步"概念属于形而上学的范畴，即由于缺乏具体的直观对象而注定只能是空洞的。也就是说，如果我们不是神，如果我们并不具备一种"理性直观"来放眼望尽无限，如果我们不可能稳固地把握住标志着至善的人类历史终点（就像 Karl Jaspers 在《历史的起源和目标》里所企图做到的那样），那么，我们终究就不能判定人们是否在向一个可靠的目标"上升"，而"进步"

也就和"物自体"一样在本质上被排除到了认识之外。[1]

而再进一步说，一旦把"post"这样的说法放置到"globalization"之前，在语义上就进而意味着，"全球化"已经是明日黄花，或者已经无可挽救了。甚至于，就像我们在前文领教过的，这已经是在明确主张"世界末日"迫近了。不过在我看来，即使我们在"全球化"的进程中确实看到了很多断裂与错位，也听到了很多摩擦的杂音，可无论如何，也很难说我们正在面对的世界局势就已经从本质上发生了整体的、不可逆转的蜕变。——平心而论，正如我在前文中反复论述的，即使是人们为"全球化"欢呼的时候，也仍然存在着很多摩擦乃至对抗的因素，而即使是在人们又为"后全球"惊叫的时候，也未必真到了为"全球化"大唱"挽歌"的时候，毕竟还存在着不少沟通的渠道、协商的机会，乃至契合、共赢的基础。

于是一方面，我们固然可以看到像斯蒂芬·金（Stephen

<hr>

1　刘东:《多元标准下的"进步概念"》，见《近思与远虑》，杭州：浙江大学出版社，2014年，第23页。

D. King）这样的作者，前不久写出了一部内容沉重的书，其正标题为"严峻的新世界"，副标题又是"全球化的终结，历史的回归"；这位作者还以触目惊心的笔调追述了近代以来的整个世界格局，总是在发生让人惊掉下巴的骤变：

> 我们的思想和制度在以令人震惊的规律性发生着转变。16世纪早期的西班牙征服者们——一群一心想要从新大陆开采白银，并且不惜以人命为代价的、被悬以重赏的猎人——如果知道西班牙虽曾是欧洲的超级大国，可如今却是西欧最贫穷的国家之一，肯定会惊愕不已。16世纪和17世纪的奥斯曼帝国——曾经威胁要征服维也纳，进而征服欧洲其他大部分地区——的人如果看到他们的帝国在一战后已完全崩溃（即使其衰落的种子早已在多年前播下），也肯定会惊愕不已。维多利亚时代的人们如果知道他们所钟爱的大英帝国——为19世纪的全球化提供了基础——到了20世纪40年代末已经几近消失，而且英国本身在此时也已经濒临破产，肯定也会震撼不已。而在20世纪30年代的大萧条期间，那些为数

众多的、赞成苏联经济体制的人，如果知道它的整个体系到了 1989 年柏林墙倒塌后会开始崩溃，肯定又会震撼不已。[1]

进一步说，沿着这样的叙事结构与氛围，斯蒂芬·金也以同等暗淡的笔调，描写了目前正在经历的"全球化"——他称之为"后哥伦布时代的全球化"——也遭遇着下述的多重困扰：

第一，超越国界的经济进步并不是不可避免的真理。全球化很容易逆转。

第二，技术既可以促进全球化，也可以摧毁它。

第三，经济发展减少了民族国家之间的不平等，却似乎又加剧了这些国家内部的不平等。而这又不可避免地在追求全球生活水平的全面提高和追求国内经济与社会稳定之间，造成了紧张关系。

1　Stephen D. King, *Grave New World: The End of Globalization, the Return of History*, New Haven: Yale University Press, 2017, pp. 2–3.

第四，21世纪的大规模移民流动，可能会破坏国内的稳定。

第五，无论是对是错，曾经帮助管理全球化进程的国际机构都正在失去信誉。全球化越来越被认定为是在为少数人服务，而不是在为多数人服务。然而，又并不容易去创建21世纪的新机构来抵消这种看法，尤其是考虑到在西方民主国家与东方国家之间可能存在的价值观冲突。

第六（正如西方大国开始意识到的那样），全球化有着多种版本。而随着美国的相对经济实力的下降，其他新兴超级大国也将试图以符合自身利益并反映自身历史的方式来重塑世界。如果冷战终究是一场二元对抗，那么，在21世纪就很可能看到多重的对抗，其性质更接近于19世纪的那种帝国争端。[1]

可即使如此，我们还能读到，尼古拉斯·斯特恩（Ni-

1　Stephen D. King, *Grave New World: The End of Globalization, the Return of History*, pp. 6–7.

cholas Stern）——这位英国皇家学会会长和英国上议院的跨党派议员——为这本书写出了下述评论，似乎想要为它寻找一点平衡：

斯蒂芬·金提醒我们，数千年来，全球化浪潮曾经多次出现过，尽管其驱动力可能有所不同，可它们却是有起有落，而坠落的过程并不美好。作为一个世界，我们在过去的 70 年中，曾经从当前的浪潮中受益匪浅，而如果它能继续下去，我们还是会继续受益。但这远不是不可避免的，我们必须了解更长更远的历史，以及现在正使这一浪潮受到严重质疑的力量。（引自亚马逊网站的相关条目）

如果把眼光进一步放远，那么，我们同为"晚期智人"的后代，本来也不是头一次尝试互动和交汇。——正如我在以前的那本书中，几乎开宗明义地就此写道：

人类历史正像《三国演义》所说，其大势是"分久必合"。这些已然来到世界各地、各自构建了不同文明系统的人科动物，毕竟还享有99.9%相同的基因，还可以相互通婚，共同生子；诺姆·乔姆斯基曾通过"普遍语法"的命题，从作为遗传因素的语言潜能方面，把这种具有确定性的人类，同所有的其他动物区分开来。这种本质上相通的人科动物，免不了要穿越文明去相互往来，这既构成了前人进行跨文化活动的基础，也构成了后人进行跨文化研究的基础。——比如，李零就曾在《中国学术》上撰文指出，古代中国有一种重要的艺术主题，即将若干不同种类的动物（鹰、狮、虎、鹿、羊等）混合而成的、背生双翼的想象动物，广泛用于各种不同的材质（金、银、玉、石、陶、铜等），它流行于春秋战国到魏晋南北朝的艺术作品中。长期以来，这被当作我们最典型的国粹，然而，李零通过搜集先秦两汉时期的典型材料，并与域外的类似主题进行比较研究，却发现，这是一种虽已被"中国化"却仍"大有胡气"的艺术主题。这个案例相当扎实地说明，早从公元前6世纪开始，就已经有了横跨亚洲大部的绵延艺术主题；这种视觉表象作为一种确定的文化遗迹，足以说明那时就有相当广泛的人类交往，虽然我们还毋须用"全球化"来命名它。（《再造传统》，第6—7页）

相比起来，眼下这一波的人类互动与全球连接，无论如何都是进展得最快且最多的。——所以，只要不是成心"反全球化"，从而成为全人类的共同敌人，那么，就算弗里德曼式的"全球化"一时还只是更多地存在于想象之中，可这个事实也并不自动意味着，人类历史就已经决定性地再次开启了不可逆转的、南辕北辙的"大分流"。

35

最后一个要讨论的话题是，尽管出于现实的或历史的考量，我们自然是要维护乃至拯救当前的"全球化"；然而，一旦站到理想的或哲学的高度上，也应当看到这种"全球化"的问题所在。

不管它是怎样忽而带来了"飞来横福"，又忽而带来了"飞来横祸"，躲在这种"全球化"背后的主要推手，正如冈德·弗兰克的"依附理论"所指出的，总归都是资本对于"超额利润"的疯狂追求；而且，这种单一维度的全球的"经济一体化"，又是建基在"新自由主义"的抽象之上的，所以从卡尔·波兰尼的"嵌入—脱嵌"理论来看，就从来都只会预示着灾难性的镜花水月。由此不管怎么说，这种单一经济向度的"全球化"，都不是歌德当年所畅想的"世界文学"，也不是爱因斯坦后来所畅想的"世界政府"，因而也绝不可能带来康德当年所畅想的"永久和平"。——恰恰相反，正因为这种"全球化"乃是"脱嵌"式的，是赤裸裸地单纯从利润出发的，而完全不具备文化与社会上的考量，所以，它才会在逐渐波及的世界范围内，也如涟漪般地引起了"在地化"的分庭抗礼，以至于以往尚且可以遥遥相望而相安无事的文明，如今反倒因为既被强行地捆绑到一起，而不得不彼此排斥、激烈纷争，于是闹得整个地球更加分裂，也更不太平。

也就是说，我们正在经历的这场"全球化"，也即被斯蒂芬·金称作"后哥伦布时代的全球化"的，由于正像我一开始就指出的，"本是个芜杂纷乱的复合概念，它先从西方化、国际化、世界化的内涵起始，又发展出了普遍化、全球化甚至星球化的意蕴，而且，所有这些意涵还都无序地叠合到了一起"，所以，其实它从一开始就并不那么理想，或者说，从一开始就过于偏重一部分人的理想。既然如此，也就难怪这种"全球化"会让人感到踟蹰和两难，因为也可以说它本身就带有内在的"精神分裂"，在这个意义上，它顶多只能说是一种不够成熟的"半全球化"，或者说是一种残缺不全的"全球化"，正如我在以往的著作中指出的（参见本书第146—147页）。

甚至于，到了眼下的风雨飘摇中，就连这种无法强求也不可苛责的"半全球化"，也已变得更加危机四伏、四面楚歌了。由此就把我们推到了一个"伸手不见五指"的十字路口，去面对一个既"前所未知"又"不敢想象"的世界。——极端一点说，我们不光无法看清自己的处境，还在黑暗中从疼痛的耳鼓里感受到了令人恐怖的、噼啪炸裂的杂音，于是难免疑心踩在脚下的只是一层薄薄的冰面，而一不留神它就有可能轰然开裂，让大家葬身深不见底的冰窟窿中。

即使再后退一步，姑且接受这个"后全球"的说法，谁也不可能真正说清楚，所谓"后全球"究竟是怎样的状态。唯一可以确定的顶多是，反正知道自己再也回不去了，甚至于，就连以前相对贫穷的"前全球"状态，于今也只能存在于我们的梦中。而除此之外，所有的一切都还不能确定下来，因为无论什么东西眼下都还无法稳定下来。——这样一来，就不妨再接续前文的比方：如今被踩到脚底下的，正好比一片反复结冰又反复化冻的冰面，那上面既有歪歪扭扭的拼缝、又有隐隐约约的裂缝，而且是融合了又破碎，破碎了又融合的，也不知道如此这般反复了多少次；在这种融合与破碎的叠加中，已经到处都是隆起来的冰刀或者凹下去的冰坑，到处都是磕绊人的沟坎，也到处都是可能掉入的可怕陷阱……

既然反正已不能倒退回去了，那么我们就算是硬着头皮，也只有在这样的千难万险中再想尽办法找出一条路来，甚至于，到头来如果实在发现无路可走，就干脆硬用双脚踩出一条路来！无论如何，既然已经摒弃了单线的历史决定论，也就在思想的逻辑上意味着，我们既不相信总要赐福的"神明"，也不相信总会带来毁灭的"宿命"。——如同我在处女作中所说的：

> 只有在积极进取的意义上，我们才乐于接受"乐观"这个词……我们要争辩说，悲观主义实在是太悲观了，丑学实在是太丑、太低沉了。它看到了作为人生矛盾对立面的丑恶，却不能鼓舞人们用积极的、进取的、入世的英勇人生态度去克服和战胜它。作为一种"佯谬"，它也许可以怀疑人类追求自由的最终可能（尽管它也没有任何可靠的逻辑来否决这种可能），但是，如果人类真正要照它所宣扬的处世态度去生活，人类就已经丧失了这种可能。[1]

在这个历史的节骨眼上，几乎唯一的"确定性"就在于，尽管简直快要天崩地裂了，但只要还在积极地行动着，就意味着我们并没有彻底放弃"希望"，而且，在我们今后的积极

---

[1] 刘东：《西方的丑学：感性的多元取向》，成都：四川人民出版社，2018年，第266页。

历史行为中，也必须首先就预设这种"希望"。因此，正所谓"千里之行，始于足下"，面对如此困难交织的"全球化"问题，作为一个由此循序渐进的下手之处，我们还是要潜下心去、耐住性子，先从思想观念方面厘清，而对于逐渐累积于其上的六种含义——先从西方化、国际化、世界化，又叠加了普遍化、全球化乃至星球化——进行基于理性的透彻清洗，使得这个概念可以变得单纯起来，而逐渐脱离它在起始处的那些含义，而把重心落在它推导出的那些含义。

　　不待言，可以与这种"概念清洗"同步的，当然是一种"去西方化"的过程。正是在这个意义上，我们要把当前这种"全球化"逐渐改造成一个"全球性的圆桌"，以便在桌边开展不间断的"全球性的对话"。——当然，按照我长期以来在这方面的设想，这种既有"多中之一"又有"一中之多"的对话，并不是非要彻底推倒、完全解构的；只不过，今后还能让世界向之看齐的"中心"，却不应再是基于实力的"霸权"，而只能倚靠足以说服人的"理性"：

　　　首先，就应在这种持续的文明对话之中，把具有弹性和张力的世界文化，打造成一场不间断的圆桌讨论，而且允许任何具体和殊别的文化，都可以站立在圆桌的一角上，朝向圆心发出一个独特的矢量。其次，就应在这些矢量的交汇与角力中，允许任何一个特定的思想观念，都借着不同发言角度对它的坚持和丰富，而获得一组密切相关、又有机漂移的义项，由此发展成由各种对冲力量撑起的、具有内在张力的知识谱系。而最终，就应让所有这些灵活思想概念的总和，倚靠在文化间性的宽广基础上，最终编织成一张既严整又包容的大网，也即多元一体的总体人类文化之网……[1]

　　毫无疑问，既然所有与此相关的游戏规则，都还有待进一步的商兑与修订，那么，这就不是区区一本书能解决的了，所以我们充其量也只是就此提出了问题，而如果想要真正解决这些问题，则需要全体地球人的共同努力，而且是多少代人的接续努力。可无论如何总是希望这些号称"智人"的

1　刘东：《国学：六种视角与六重定义》，见《国学的当代性》，第72页。

人类，都还能具有相应的智慧与德性，同舟共济地闯过当前的这道难关。——唯其如此，我们才可能为子孙后代开辟出一个充满祥和之气的世界，创造出一种"更加值得过活"的人生。

2024 年 9 月 10 日

写毕于余杭·绝尘斋

补　记

　　开篇的地方已经交代过了，这本书属于十年前那本小书的续篇，所以这两本书最好对照起来阅读。

　　然而，相当富于戏剧性的是，前一本书还题为《再造传统：带着警觉加入全球》，紧随其后的这一本书，就已经在提问《是处在"后全球"时代吗？》。也就是说，仿佛刚刚还在追问"全球化"的来龙去脉，并且思考它对于中国究竟是福是祸，转眼就又提出了"后全球"的问题，乃至中国到底要在这种变局中如何自处。

更加富于戏剧性的是，也许是编辑们工作太过仔细了，所以，还没有等到这本书印出来，我在其中谈到的那位美国前总统，就已经不可阻挡地强势回归了，并且再次充当了扰动世界历史的轴心。——由此就可以更加明显地看出，那股"逆全球化"的狂躁力量，在一时间竟然表现得何等强大。

　　于是，不免再把去年的文稿重温一过，看看是不是在哪里论述错了。——结果却发现，完全可以把自己在去年的写作，看成是赶在美国大选前的预言，因为如今正经历的特朗普 2.0 版，也恰恰是"后全球"的 2.0 版。

　　当然了，特朗普这次霸气十足的回归，还是带来了进一步思考的问题，甚至可以说，给今后的政治哲学与社会理论带来了难以胜数的崭新课题。——说白了，就像在医学上进行切片造影一样，他这场不管不顾、不加修饰的 MAGA 运动，反而带来了相当难得的观测方便，让我们更容易看清西方社会的底蕴，而穿透了那些天花乱坠的障眼法。

　　再说白一点，如果按照他这种毫无顾忌的逻辑，那么希特勒当年的国家社会主义，同样可以被简称为 MGGA，亦即 Make Germany Great Again；而另一方面，如果能看得下去他对加拿大、格陵兰和巴拿马的赤裸裸的领土主张，那就没必要再去批判当年对于奥地利、捷克和波兰的侵略了。

无论如何，方今才真是进入了名副其实的乱世，而且，这样的纷乱和搅扰看来还是未有穷期的。——既然这样，至少在我本人的有生之年，对于人类当代历史的追踪与思考，也同样应当被坚守为未有穷期的。也就是说，就连这个尚未来得及印刷出来的续篇，都很可能再被追加上另一个续篇，而且，开始那次写作看来也不会很久了。

只不过，说到自己对于这种纷乱的物象究竟观察和拿捏得准不准确，或者是，究竟能够看准和讲对几分，那就不是在这个火烧眉毛的时刻足以信心满满地加以判断的了。——真正严峻的问题毋宁在于，对于这种当代症候的十万火急的诊断，是决不可以先锁在抽屉里等待时间来自行沉淀的，否则的话，它会很快失去了可用的时效。

由此也就可以说，一方面，在这种写作中的进退得失、成败利钝，完全是不可控制的和难以逆料的；而在另一方面，唯一还能做到心中有数的却又是，不管甘冒多大的学术风险，都决不可放弃自己的思考责任。——否则的话，这本身就已然犯下了一种更大的、更不可弥补的错误。

很有可能只有到了自己身后的很多年，那些竭泽而渔的历史学家们才会经由皓首穷经的考据，乃至毕生不辍的推敲，在学术的层面进行验收，以判定自己在当下的节骨眼上到底有没有哪怕是"一得之愚"。——当然，要是真正轮到了自己的身后，也希望还是会有后来的、同样不怕犯错的思想者，能够承担起这种"思考当代"的重大责任。

无论如何，我们绝非只是为了满足内心的"考古癖"，才来到大学里谋求这一份学术工作。——所以，要是干脆丧失了"研究当代"的动机，只是因为这太过困难便不敢发出思考，那么，我们这些人文与社科学者，也就不啻蜕化成了整个社会的盲肠，而拖累得全体人类的历史行为，也同样无异于无头苍蝇的盲动了。

《旧唐书·陆贽传》中有过一段记载："贽以受人主殊遇，不敢爱身，事有不可，极言无隐。朋友规之，以为太峻，贽曰：'吾上不负天子，下不负吾所学，不恤其他。'"当然如今早已是时过境迁，而所谓"天子"也早已沦为笑柄了。即使如此，还是可以调用这个慷慨的句式，同样慷慨地讲出"吾上不负天命"而"下不负吾所学"来。——而且还不待言，我们肩上不可稍忘的"天命"，恰正是永远不知疲倦与不稍消歇地去发出更加深广、更加周备和更有把握的思索！

刘东

乙巳年初一

于余杭·绝尘斋

文景

社 科 新 知　　文 艺 新 潮

Horizon

是处在"后全球"时代吗？
——当今世界的机遇、嵌入与错位

刘东 著

出 品 人：姚映然
责任编辑：李　顿
营销编辑：胡珍珍
封扉设计：安克晨

出　　品：北京世纪文景文化传播有限责任公司
　　　　　(北京朝阳区东土城路8号林达大厦A座4A 100013)
出版发行：上海人民出版社
印　　刷：山东临沂新华印刷物流集团有限责任公司
制　　版：北京百朗文化传播有限公司

开 本：820mm×1280mm　1/32
印 张：7　字 数：95,000　插页：2
2025年5月第1版　　2025年5月第1次印刷
定 价：79.00元
ISBN：978-7-208-19424-3/B·1821

图书在版编目（CIP）数据
是处在"后全球"时代吗？：当今世界的机遇、嵌
入与错位 / 刘东著 . -- 上海：上海人民出版社，2025.
（咏归文存）. -- ISBN 978-7-208-19424-3
Ⅰ . K203
中国国家版本馆 CIP 数据核字第 20254Z828A 号

本书如有印装错误，请致电本社更换 010-52187586

社科新知　文艺新潮　｜　与文景相遇